De Nenis a Millonarias

Atziry González & Regina Becerra

BARKER & JULES®

BARKER & JULES®

DE NENIS A MILLONARIAS

Edición: Barker and Jules™
Diseño de Portada: María Elisa Almanza | Barker & Jules Books™
Diseño de Interiores: María Elisa Almanza | Barker & Jules Books™

Primera edición - 2021

I.S.B.N. | 978-1-64789-619-5
I.S.B.N. eBook | 978-1-64789-620-1
Copyright: 1-10865674301

BARKER & JULES, LLC
2248 Meridian Blvd. Ste. H, Minden, NV 89423
barkerandjules.com

Dedicamos este libro a todas las mujeres emprendedoras, "Nenis", que están buscando salir adelante y cumplir sus sueños.

A nuestros hijos Elían, Matteo, José Ramón y María José, sepan que ustedes son nuestra inspiración más grande y esperamos que nuestro ejemplo siempre sea su guía en la vida.

Y a nuestros esposos, Toño y Ramón, que sin su apoyo no seríamos quiénes somos.

Gracias, gracias, gracias.

Introducción

¡Hola Neni, que bueno que estás aquí! Somos Regina y Atziry, dos nenis que logramos convertirnos en nenis-millonarias, gracias a que llevamos nuestros negocios a otro nivel utilizando un sistema que tú también puedes usar.

Hace unos años, las dos teníamos nuestros pequeños emprendimientos que nos generaban algo de ingresos extra, pero que definitivamente no nos daban libertad financiera. Sin embargo, tuvimos la oportunidad y la fortuna de conocer una manera más inteligente de hacer negocios, lo que nos permitió tener toda la abundancia -de tiempo, de dinero y de libertad- que tenemos hoy. El objetivo de este libro es compartirte nuestras experiencias y nuestro conocimiento para que tú también tengas esta abundancia.

Queremos empezar diciéndote que tu trabajo es muy importante. Si tienes tu propio negocio o te dedicas a vender productos o servicios por tu cuenta, eres una de las cuatro millones de mujeres mexicanas que contribuyen de esta forma a la economía de sus hogares.

Una neni, por definición, es una mujer que vende todo tipo de productos, o incluso servicios, típicamente usando las redes sociales y entregando a domicilio, en los famosos "puntos medios" o en estaciones del transporte público. En pocas palabras, las nenis son pequeñas empresarias... ¡y a la par son muchas otras cosas!

La mayoría de las nenis son estudiantes, esposas, mamás, amas de casa o empleadas, además de llevar su propio negocio. Son mujeres *chingonas*, que ponen toda su fuerza y su creatividad al servicio del bienestar de sus familias.

Por eso sabemos, y queremos insistirte, que el trabajo que haces en tu negocio es muy importante. Es más, aunque no lo creas ahora, ¡lo que haces es esencial para la economía nacional! Muchísimas familias mexicanas viven mejor gracias a que mujeres como tú, aportan a esos ingresos extras. Además, desde el inicio de la pandemia de Covid-19, las nenis no nos quedamos de brazos cruzados y trabajamos en lo que mejor sabemos hacer: activamos el comercio local y compensamos el golpe de la recesión.

Por eso queremos que te vaya bien, y si ya está pasando, ¡que te vaya mejor! El objetivo de este libro es que sepas cómo puedes llevar tu negocio de la mejor manera, para que generes la mayor cantidad de dinero posible, conservando un equilibrio entre tu vida y el trabajo.

Por favor siéntate, sírvete un café, ponte cómoda. Queremos que te sientas como si estuviéramos las tres juntas en tu restaurante o cafetería favorita, platicando a gusto. Aunque no estemos físicamente junto a ti, este libro lo escribimos como una plática entre amigas, pensando en cada una de las mujeres que está en la búsqueda de sentirse libre y realizada, es decir, ¡tú!

Ya que estamos en confianza, vamos a contarte un poco de nosotras. Me presento: mi nombre es Regina, nací en la Ciudad de México, pero desde los tres años viví en Cuernavaca y actualmente resido en Querétaro. Soy esposa y mamá de cuates, un niño y una niña. ¡Se cumplió el sueño de mi vida! Mis hijos y mi esposo son una de las razones principales para levantarme todos los días, luchar por ellas y seguir llevando a cabo mis sueños a su lado. Soy una profesionista exitosa gracias a que logré desarrollar mi negocio con ayuda del sistema del *network marketing*, sin embargo, también llegué a ser "godín" y por supuesto, neni de corazón. De hecho, ¡siento que sigo siendo esas dos cosas!

Desarrollar mi negocio actual no significó abandonar las cosas que yo era antes, sino llevarlas a otro nivel. La finalidad de escribir este libro es enseñarte cómo logré sacar el mayor provecho a mi trabajo mediante un sistema que me ayudó a cumplir mi gran meta y me permitió pasar de ser neni a neni-millonaria. ¡Estoy segura que te encantará conocerlo!

¡Hola! En este libro también te estaré acompañando yo. Mi nombre es Atziry. Soy esposa y mamá de dos niños ¡que en realidad ya son casi adolescentes! Al igual que Regina, inicié mi vida laboral siendo empleada en varias empresas, en donde me di cuenta que las condiciones laborales están lejos de ser las óptimas para tener una vida plena y libre. También fui neni, vendiendo productos propios y de catálogos, y finalmente logré convertirme en millonaria.

¡Ah, sí!, nací en Monterrey, Nuevo León y como toda norteña, puedo llegar a ser muy directa en las cosas que digo. Por eso, a lo largo de este libro, me verás diciendo "¡Mamacita, despierta! ¡Tú puedes hacer más! ¡No te trates como si fueras un basurero!" Al hablarte a ti es como si me hablara a mí de nuevo, siempre con todo el amor de mi corazón, y como se le habla a tu mejor amiga.

Te intentaré transmitir a lo largo de este libro todo lo que he aprendido, con muchos *tips* y consejos prácticos que sé que te ayudarán a lograr tus objetivos.

¿Por qué decidimos escribir este libro juntas? Nos conocimos hace cinco años, en un evento de la compañía de *network marketing* a la que pertenecemos. Nos dimos cuenta que las dos habíamos vivido experiencias muy similares y decidimos que queríamos trabajar en equipo para ayudarnos mutuamente a alcanzar lo que tanto queríamos: la libertad financiera.

Acabamos de mencionar uno de los conceptos más importantes para nosotras: la libertad financiera. Entender esto fue lo que nos permitió saber cómo funciona el dinero y tener claridad a la hora de decidir qué es lo que queríamos lograr. ¿Sabes lo que es la libertad financiera? Ser libre financieramente significa dos cosas:

1. Que recibes ingresos suficientes con los que mantienes una vida cómoda para ti y tu familia.

2. Que la forma en la que recibes esos ingresos te permite gozar de tiempo libre y energía suficiente para que los pases con tus hijos, con tu pareja y haciendo cosas que te gustan.

Muchas personas creen que gozan de libertad financiera porque tienen un trabajo estable o un pequeño negocio que les asegura una cantidad de dinero mes con mes. Un flujo constante de dinero es una de las partes de la libertad financiera, pero no lo es todo. La verdadera libertad implica poder ganar dinero y, además, poder disfrutarlo.

Es decir, muchas personas confunden la seguridad financiera (ganar dinero mes con mes) con libertad financiera (ganar dinero mes con mes y tener el tiempo, la energía y posibilidad de disfrutarlo).

- Si tienes un trabajo estable, pero todo el dinero que recibes te lo gastas pagando tus cuentas y deudas, entonces NO tienes libertad financiera.

- Si tienes un trabajo estable, con un buen salario que te permite pagar todo lo que necesitas y tener una vida cómoda... pero te la pasas todo el día o incluso fines de semana trabajando, entonces NO tienes libertad financiera.
- Si eres dueña de tu propio negocio, y tienes libertad de horarios, pero vives preocupada por pagar las cuentas de la quincena o el mes, déjame decirte que NO tienes libertad financiera.
- Si eres dueña de tu propio negocio, pero no puedes disfrutar de tus ganancias, porque te ves obligada a trabajar todos los días de la semana, 10 horas al día, entonces NO tienes libertad financiera.

Todos queremos obtener este tipo de libertad. No conocemos a ninguna persona a la que después de platicarle lo que acabamos de decirte, nos diga que no quiere eso. ¡Todas las personas queremos bienestar material! Y no solo eso, también buscar la posibilidad de disfrutar de las comodidades o experiencias agradables que podemos comprar gracias a las ganancias de nuestro esfuerzo.

Si estás cansada de trabajar incansablemente, sin ver clara la posibilidad de encontrar la libertad financiera, este libro es para ti. Hoy, queremos inspirarte con nuestras historias, darte también herramientas prácticas y teóricas para que logres tus objetivos. Desde entender cómo funciona el flujo del dinero, hasta cómo desarrollar una autodisciplina, cómo perder el miedo a las ventas, y cómo tener una educación financiera...

aquí encontrarás muchos *tips* prácticos, aunque también nos verás reflexionando acerca de la importancia que tienen los deseos de nuestros corazones y el deber que todas tenemos por ser la mejor versión, la más brillante, de nosotras mismas.

¡Pero no creas que solo nosotras hablaremos todo el tiempo! En este libro encontrarás palabras de hombres y mujeres que nos han inspirado a vivir nuestras vidas de una mejor manera.

Empresarios, conferencistas y pensadores como John Maxwell, Robert Kiyosaki, Jim Rohn, Eric Worre y muchísimos autores más que nos han ayudado a entender miles de cosas y que se han convertido en mentores sin siquiera conocer a muchos de ellos. Sus libros, podcasts y hasta películas nos han inspirado a lograr lo que somos, y sus enseñanzas forman parte de esta conversación que tendremos contigo.

Estamos conscientes de que cada una tiene su propio camino. Cada persona llega a este mundo con una misión de vida muy particular. Celebramos esas diferencias, y al mismo tiempo estamos convencidas de que la búsqueda de una persona contribuye a la búsqueda de todas las demás.

Esperamos que las palabras e ideas que plasmamos en este libro sean una de las muchas voces que te acompañarán en la aventura de dirigirte hacia la vida que deseas.

Con mucho cariño, Atziry y Regina.

Capítulo 1
Quiénes somos

¡Hola Neni! Antes de empezar a hablar de trabajo, de negocios y de dinero, primero nos gustaría que conozcas nuestras historias. Queremos que sepas que nuestro éxito viene de un pasado, y que este en muchos aspectos es igual a la tuya. Conforme vayas leyendo el libro, no queremos que pienses en nosotras como dos empresarias que ya alcanzaron el éxito y que lo saben todo. Es cierto que nos ha ido muy bien en el negocio que elegimos hacer, y que hay algunas cosas que sí podemos enseñarte. Al mismo tiempo, nos encanta saber que siempre se puede aprender más, y sostenemos que lo que te estamos compartiendo en este libro no son verdades absolutas, sino aprendizajes y formas de hacer las cosas que nos han funcionado en NUESTRAS historias.

Bueno, vamos a conocernos, ¿no? Empiezo yo. Me llamo Regina, y nací en la Ciudad de México (aunque viví casi toda mi infancia y adolescencia en Cuernavaca) el 1 de octubre de 1979.

Esto quiere decir que llegué al mundo hace 41 años y que soy Libra. Una de las cosas que distingue a los Libra es que nos gusta la armonía. Disfrutamos mucho cuando todos los aspectos de nuestra vida están en equilibrio, nos gusta tener orden en nuestras cosas y evitamos los conflictos. ¡Tengo que confesarte que hubo algunos momentos en que mi vida reflejaba lo opuesto a esto! No tenía un equilibrio laboral-familiar, y hubo épocas donde mi casa era todo menos ordenada. Esto no suena nada Libra, ¿no crees? Sin embargo, fue mi naturaleza amante de la armonía la que me llevó a finalmente hacer cambios.

Fui la menor de cuatro hermanos, "el pilón de la familia", y aunque crecí muy consentida por todos, también viví retos.

Por ejemplo, yo fui una niña muy gordita. Bueno, más que gordita... ¡obesa! A los nueve años pesaba cerca de 90 kilos.

Esto fue en parte, porque mis papás no ponían mucho cuidado en mi alimentación y me dejaban hacer hasta cierto punto lo que yo quisiera, ¡además de que yo era muy insistente y no me rendía fácil cuando quería algo!

Y bueno, mi sobrepeso me causó desde muy chica problemas de salud. Uno de los más graves fue cuando en un festival del Día del Niño, me caí y me lastimé muchísimo. A pesar de que me llevaron con varios doctores, todos me decían que no tenía nada. Hubo uno que hasta me "recetó" ponerme a cargar ladrillos, ¡porque pensaba que yo estaba haciendo todo eso para llamar la atención!

Afortunadamente, una tía me llevó a ver a otro doctor, y en cuánto me vio entrar en su consultorio, el doctor gritó "¡Tráiganle una silla de ruedas! ¡Esta niña tiene un deslizamiento de cadera!"

Me sometieron a una operación que me dejó tres meses en cama; tres meses usando muletas y varios meses en los que poco a poco tuve que volver a aprender a caminar con normalidad.

Aunque eventualmente me recuperé por completo de la cadera, mi problema de sobrepeso no se resolvió. ¡Al contrario! Todos los meses que había estado recuperándome la gente me iba a visitar y me llevaba cosas de comer. Y yo... ¡sin poder hacer ejercicio! En los años siguientes empecé el viacrucis de dieta tras dieta, endocrinólogos, nutriólogos, masajes reductivos, pastillas (que me dejaron como consecuencia el hipotiroidismo) y rematé con una lipoescultura. ¡Ay Dios, no sé cómo me atreví a hacer todo esto!

A pesar de que no le desearía a nadie los problemas de salud que yo tuve, sí agradezco una cosa: que aprendí a valorar mi salud. En la actualidad, soy una mujer muy preocupada por mi bienestar y por el de mi familia. Me encanta comer saludable y consumir productos que ayuden a cuidarme. Esto es una prioridad para mí porque sé lo feo que es sentirse mal y no estar a gusto con tu propio cuerpo. Hoy en día, estar en un negocio en donde vendemos productos que promueven el bienestar me llena de satisfacción, porque me apasiona ayudar a personas que veo que están en la misma situación en la que yo estuve.

No solo es mi negocio actual el que me encanta. Desde niña siempre me ha gustado poder acercarme a la gente a través de los negocios. A los siete años puse mi primera "tiendita" afuera de mi casa y a los 11 años inicié un negocio de pays con mi hermano. Tener mis propios ingresos me daba mucha seguridad, y es que la situación económica en mi casa no era lo más estable. Nunca tuvimos algo seguro, y yo me sentía intranquila porque veía a mis papás pelear por dinero, además de que en la escuela me llegaron a sacar de clases por no pagar la colegiatura, casi no salíamos de vacaciones... De repente teníamos rachas maravillosas y de abundancia, pero no duraban mucho y regresaba la angustia.

Con mis pays me sentía segura y fue por esta razón que seguí con el negocio aún cuando entré a la universidad.

¡Cuánto aprendí con ese primer emprendimiento que tuve! En aquella etapa supe lo importante que es tener una manera de generar tus propios ingresos. Aunque tu negocio sea pequeño, sabes que si lo necesitas, tienes las habilidades y la fuerza para sacarte a ti mis a adelante, sin depender forzosamente de nadie.

A los 22 años, casi recién graduada de la licenciatura en Negocios Internacionales, me dieron un trabajo en gobierno, en la Ciudad de México. Así empezó mi vida "godín" y no voy a mentir, la disfruté muchísimo. Me gustaba el trabajo que hacía con mis jefes, y aunque era "godín", la *neni* que vivía dentro de mí nunca desapareció. Mientras trabajaba en gobierno, también desarrollé un negocio de faciales. De hecho, ¡muchos de los faciales se los daba a mis compañeras de oficina!

¿Te acuerdas que te conté que yo soy Libra, y que lo que más busco en mi vida es la armonía? En esa época tenía todo menos armonía. Contaba con un trabajo estable, pero que era demasiado demandante. Generaba dinero extra vendiendo faciales y productos de rejuvenecimiento, pero sentía que tenía que partirme en mil para poder atender mi empleo y mi pequeño negocio. Además, nunca me adapté a vivir en la Ciudad de México, así que todos los viernes saliendo de la oficina me regresaba a Cuernavaca, a veces manejando en la carretera de noche o muy rápido porque ya quería llegar. Fue precisamente uno de estos viajes en carretera lo que me obligó a hacer un alto y preguntarme "¿qué es lo que realmente quiero para mí?"

Iba en mi coche de la Ciudad de México a Cuernavaca cuando, en un segundo de distracción, casi choco, y al intentar evitar el choque, me volteé. Yo creo que ese accidente fue una manera en que el Universo se quería comunicar conmigo, porque no solo se volteó mi coche, si no también varios aspectos de mi vida.

Después de diez años de trabajar en gobierno, cambiaron la administración y yo aproveché para dejar ese empleo. A raíz del accidente, quedé con muchísimo miedo de manejar, por lo que empecé a vivir de tiempo completo en la Ciudad de México y corté con mi novio de Cuernavaca. Decidí ir a un psicólogo y aprendí la importancia de trabajar en mis emociones. Y, por supuesto, seguía intentando tener mi propio negocio, aunque, ahora me doy cuenta que no lo estaba haciendo de la mejor manera. ¡Te digo, Neni, mi vida estaba de cabeza!

A veces, cuando sentimos que nuestra vida no es como quisiéramos, nos desesperamos mucho y hasta nos enojamos. Pero déjame decirte que estos momentos son los que nos hacen entender quiénes somos realmente y nos ayudan a descubrir una fuerza interna que no sabíamos que teníamos. Hay un proverbio chino que dice:

El diamante no puede pulirse sin fricción, ni el ser humano puede perfeccionarse sin pruebas.

En ese momento la vida me estaba poniendo muchas pruebas, entre ellas, desarrollar mis negocios exitosamente. Yo siempre he tenido el "gen neni" y me encanta aprovechar cualquier oportunidad de compartir un producto o servicio que me gusta. Cuando dejé mi trabajo, retomé por completo la idea de emprender y de generar más ingresos, pero sin necesariamente saber la mejor manera de hacerlo.

De inicio, me dediqué a dar faciales, aprovechando que me habían ofrecido poner una cabina dentro del salón de belleza. Después, abrí también un local de clases de zumba. La verdad es que, en esa época, sobre todo porque había estado diez años en mi empleo, estaba acostumbrada a que alguien más me dijera qué hacer. Cuando intenté sacar adelante mis negocios yo sola, ¡me di cuenta que no sabía hacerlo!

No coordinaba bien mis horarios para abrir y cerrar los dos negocios, a veces se me acababan los insumos de los faciales porque no me surtía a tiempo, no lograba controlar mis gastos... de plano terminé cerrando esos dos negocios y me regresé a vivir a Cuernavaca. Ahí se me ocurrió empezar a vender ropa que traía de Estados Unidos. Como siempre he sido muy sociable, me encantaba venderle a toda mi familia y a mis amigos. Pero, aunque me encantaba vender, no me era buena al momento de cobrar, y muchas personas me pedían poder dar pagos quincenales que después no cumplían, algunos de plano no me pagaban... obviamente mi negocio terminó quebrando.

Por esas fechas me reencontré con mi ex-novio y me casé. ¡Estar con Ramón era un sueño hecho realidad para mí! Yo estaba súper feliz, pero Ramón se iba a trabajar todos los días a la empresa familiar, y yo me quedaba muy aburrida sin hacer nada en la casa. Decidí volver a vender ropa y bolsas. *Esta vez* -me decía a mí misma- *con una "nueva estrategia", ¡pero me volvió a pasar lo mismo! La gente me pedía pagar quincenalmente, pero yo no llevaba un registro de quien me había pagado y quién no.*

A los tres años de casada me embaracé, ¡y me enteré que eran dos! En ese momento se volvió urgente para mi sentar cabeza y buscar una actividad que me permitiera aportar económicamente a mi casa de manera mucho más estable. Mis emprendimientos como neni no me habían funcionado tanto como yo quería, así que encontré un empleo *freelance* haciendo traducciones de caricaturas y telenovelas. Este trabajo me pagaba un sueldo mensual fijo, ¡justo lo que necesitaba!

Eso sí, las jornadas de trabajo era agotadoras. Trabajaba hasta doce horas al día, prácticamente sin ningún día de descanso. Si hubiera estado soltera y sin hijos, tal vez no hubiera pensado que esto era un gran problema. Pero seguro tú sabes, Neni, que cuando tienes una familia, tienes que estar ahí para ellos.

Cuando nacieron mis hijos tuve algunas complicaciones de salud, que me llevaron posteriormente a una depresión muy fuerte. Cada vez se me hacía más difícil llevar a cabo mi trabajo haciendo traducciones. Deseaba estar con mis hijos y poner todas mis energías en mi recuperación. Al mismo tiempo, no quería quedarme sin esos ingresos. Mi esposo trabajaba, pero su salario no alcanzaba para darnos un nivel de vida aceptable, ahora que éramos cuatro en la familia.

Estaba en una encrucijada. ¿Renuncio a mi trabajo y me enfoco en mi bienestar emocional? ¿O renuncio a mi bienestar emocional y conservo estabilidad económica?

Afortunadamente, pocos meses después de que nacieran mis hijos llegó a mí la oportunidad de unirme a un negocio de *network marketing*, y dije "SÍ" a la oportunidad. Desde que inicié, tuve la corazonada de que ahí era donde iba a poder llevar a cabo todos mis sueños, y semanas después mi corazonada se confirmó: recibí mis primeras comisiones por productos que se habían vendido gracias a mis recomendaciones. Fue en ese momento que dejé mi trabajo *freelance* haciendo traducciones y decidí dedicarme de lleno a lo que me apasionaba.

Yo siempre supe que tenía que haber algo más para mí. En el fondo de mi corazón sentía ese deseo ardiente de lograr viajar, tener mi casa, estar libre de deudas, no vivir al día, poder ir a comer a restaurantes y vivir una vida con más lujos y placeres. Empecé a leer libros, a estudiar acerca de negocios, escuchaba podcasts de filosofía, y en general me estuve preparando mentalmente para que cuando llegara la oportunidad, la pudiera recibir con los brazos abiertos.

En el 2015, cuando llegó a mí el *network marketing,* cambiaron radicalmente muchas cosas en mi vida: la forma en que me veía a mí misma, mi manera de hacer negocios, mi salud. En un inicio, entré en contacto con el negocio solo como consumidora de sus productos enfocados al bienestar. Posteriormente, al ver la calidad de los productos y lo bien que me sentí, me inscribí como asociada y empecé a distribuir los productos, al mismo tiempo que compartía con mis familiares y amistades la oportunidad de participar en el mejor modelo de negocios que yo había conocido.

Gracias a las capacitaciones y los cursos que ofrece la empresa, así como todas mis experiencias pasadas (acuérdate Neni que, de los errores también se aprende), logré convertirme en la asociada con más ventas de todo México y posicionarme entre los mejores 300 asociados a nivel mundial. Mi esposo, Ramón, también se unió a la empresa y hoy hacemos el trabajo en pareja.

¡Actualmente podemos decir con toda seguridad que tenemos libertad financiera!

Yo no sabía que mi necesidad de sentirme y verme mejor me llevaría a tener la vida de mis sueños, la famosa libertad financiera con la que tanto soñé. Tampoco sabía que iba a encontrar mi misión de vida, ¡pero así fue! Me encontré conmigo misma y descubrí la felicidad que me da poder ayudar a las personas a lograr sus sueños, su libertad y su salud.

¡Ay amiga qué maravillosa historia! Me sentí tan identificada en muchas cosas. Al final, creo que todas tenemos ese algo en común en nuestras historias, y ahora toca que conozcan un poco de la mía.

Mi nombre es Atziry y como ya les había contado, soy norteña, nací en Monterrey, Nuevo León. Tengo dos hijos, quienes han sido mis más grandes maestros, Elían y Matteo, y un esposo maravilloso, Toño, quien siempre me ha apoyado en todo y es mi mejor amigo.

Me considero una persona que no se rinde. Soy muy soñadora, pero a la vez no dudo en tomar acción y trabajar por lo que anhelo lograr. Soy muy amiguera y platicadora, hablo todo el día ¡hasta con las piedras! También me gusta mucho el servicio porque me apasiona saber que puedo tocarle la vida a alguien o hacer que su día o situación mejoren.

Todo lo que soy, primeramente, se lo debo a Dios y claro, a mis papás. Mi papá, Jorge, es de las personas más trabajadoras que he conocido y siempre estaba haciendo algo nuevo. Toda su vida fue maestro, pero a la par de su empleo, inició varios emprendimientos. Entre él y mi mamá abrieron un negocio de transporte escolar, que inició para llevarnos a mí y a mi hermana a la escuela, pero terminó expandiéndose a más niños de distintas escuelas de la zona.

Además de este negocio, mi papá les surtía dulces a las cooperativas de varias escuelas, compraba y vendía carros, ¡todo esto mientras daba clases de secundaria en dos escuelas distintas! Yo lo acompañaba a hacer algunos de estos negocios, y así fue como heredé el gusto por ser amiguera como él, además de su filosofía de disfrutar el momento y no complicarse mucho la vida.

Mi mamá, Maritza, también es maestra, y sigue trabajando hoy en día. Algo que siempre he admirado mucho de ella es como nos inculcó a mi hermana y a mí la ética del trabajo duro y del esfuerzo.

Siempre nos recalcó la importancia de prepararnos constantemente para las oportunidades que pudieran presentarse y, viviendo bajo esa filosofía, ella es una líder increíble, tanto para su familia como para sus alumnos.

Recuerdo que mi mamá siempre me decía "Eleva tu estándar, y si quieres algo, camina hacia tu meta. Haz que suceda, porque solo quererlo no es suficiente". De esta manera me motivó a juntarme con personas que elevaran mis estándares, ya que su filosofía era "si andas con campeones es que eres una de ellos, si andas con exitosos, tarde o temprano el éxito te va a alcanzar".

Inspirada por mis papás, en mi época de estudiante yo quería comerme el mundo. Sacaba muy buenas calificaciones y me metía a todas las actividades que podía. Era, como dicen hoy, ¡muy ñoña! Cantaba en el coro, fui la capitana del equipo de porristas, y también estaba en equipos de alto rendimiento de deportes, en donde éramos campeonísimas.

Estar en los deportes no solo me dio una disciplina que conservo hasta ahora, sino que me dio mi primer empleo. A los dieciséis años empecé a trabajar haciendo encuestas de mercado en un súper. Yo me apuraba muchísimo a hacer las encuestas, ya que pagaban por encuesta realizada, y así, cuando viajaba con la selección, me podía pagar lo que yo quisiera. ¡Ahí fue en donde desarrollé el gusto por los viajes y por la satisfacción de poder lograr cosas! ¡Ay, Neni! Si me hubieras conocido en esa época pensarías que tenía todo para tener un futuro brillante. Sin embargo, no fue así... al menos no al inicio.

Cuando entré a la universidad, empecé a estudiar informática. A pesar de que no me gustaba esta carrera, la elegí porque pensaba que era lo que me iba a dejar más dinero (como probablemente muchas personas eligen hoy en día). A pesar de este incentivo económico, no duré mucho en la carrera. Como siempre he sido muy sociable y me encanta tratar con gente, ¡no me imaginaba trabajando todo el día sola, detrás de una computadora! Un día llegó una amiga y me platicó que iba a ir a la Ciudad de México para hacer audición en la Casa Productora Argos, que se dedicaba a hacer películas, novelas y comerciales.

Para no hacerte el cuento largo, la acompañé y estando ahí me convencieron de audicionar. ¡Cuál fue mi sorpresa al enterarme que me habían seleccionado!

Me mudé a la Ciudad de México para estudiar Actuación y Producción y para solventar mis gastos entré a trabajar en el área de Atención a Clientes en un banco. Ahí conocí a Toño, que hoy es mi esposo, y empezamos a ser novios. ¡Yo estaba feliz!

Vivíamos muy bien en la Ciudad de México hasta que un día presencié un asalto y empecé a volverme paranoica. Ya no podía salir de mi casa tranquila, y regresar cuando ya estaba oscureciendo me daba pánico. Decidí regresar a Monterrey, y unos días más tarde, Toño me alcanzó.... ¡y se quedó para siempre!

En Monterrey, los dos encontramos empleos estables; mi esposo como asistente administrativo y yo en Atención a Clientes en una compañía de teléfonos. Nuestros sueldos no eran muy buenos, pero en esa época nos parecían suficientes, así que nos casamos y en lugar de hacer una gran boda, decidimos dar el enganche para una casa del Infonavit.

Como te comentaba, en esa época no ganábamos mucho dinero, pero para el estilo de vida que teníamos era suficiente.

Entre los dos pagábamos las mensualidades de la casa, el coche, y a veces me sobraba dinero para salir a cenar con mis amigas. Ahora me doy cuenta que en realidad no vivíamos, sino que sobrevivíamos, pero en ese momento no nos dábamos cuenta.

La situación que vino a cambiar todo fue cuando nos enteramos que nuestro primer hijo, Elían, venía en camino.

Aquí quiero agregar, Neni, que mi historia de enterarme que estaba embarazada no fue normal. Yo tengo Síndrome de Ovario Poliquístico, por lo que varios médicos me habían dicho que no podía embarazarme. Un día, sentí algo extraño en mi estómago, y pensando que era un problema digestivo o un tumor, fui al doctor. ¡Imagínate mi sorpresa al enterarme que tenía casi siete meses de embarazo!

En ese momento tuvimos que comprar todas las cosas que íbamos a necesitar: ropa, una cuna, pañales, además del costo del parto. El día en que Elían nació, recibí uno de los regalos más grandes de mi vida... pero al mismo tiempo empezó una bolita de nieve de carencias económicas de la que nos costó mucho trabajo salir.

Elían tenía reflujo, así que necesitaba tomar una fórmula que costaba $750 pesos cada lata. Mi hijo tomaba dos latas a la semana. Mi esposo y yo andábamos con la misma ropa siempre, pero a nuestro chiquillo le dábamos todo lo que él necesitara. Si tienes bebés, Neni, entiendes que a nuestros hijos siempre les queremos dar lo mejor, aunque nos cueste.

Yo veía mi sueldo y pensaba "¿de dónde voy a sacar el dinero?" Afortunadamente, mis papás y una de mis tías, Irma, que es un ángel en nuestra vida, nos ayudaban con la despensa y con las latas de leche del bebé. Yo, en lugar de contar mis bendiciones, me empezaba a frustrar y me preguntaba: "si yo pintaba para ser súper exitosa, ¿en qué momento pasé a estar así?"

Agregado a las carencias económicas, empecé a sentir mucho la falta de tiempo para estar junto a mi bebé. En mi empleo de ese momento me dieron las seis semanas reglamentarias de incapacidad, y después tuve que regresar a trabajar de tiempo completo, que usualmente no eran ocho horas, si no diez. Esto me obligó a dejar a mi hijo a cargo de mi tía, que con mucho amor cuidaba de él.

Claro que estaba sumamente agradecida con ella, porque mi niño pudo crecer en un hogar lleno de amor, pero a la vez fue muy difícil para mí porque una de mis ilusiones era que mis hijos crecieran con su mamá presente, a diferencia de cómo había crecido yo.

¡Es impresionante ver cómo se repiten los ciclos! En mi caso, debido a que mis dos papás eran maestros de tiempo completo no podían estar en casa, me dejaban con mi abuelita y mi tía Irasema, la misma que cuidaba a mi hijo.

Hoy entiendo perfecto que para mi mamá debió haber sido terrible tener que despedirse de mí para irse a trabajar, y yo odiaba estar viviendo lo mismo.

Un año y medio después de haber tenido a mi primer hijo, volví a embarazarme.

Gracias a Dios este embarazo sí lo detectamos temprano y mi Matteo llegó en el mes de noviembre. En ese entonces, ya no trabajaba en el Centro de Atención Telefónica sino vendiendo Afores. Esta era una empresa donde te decían "¡tú trabajas a tus tiempos!" ¡Pero vaya que fue un engaño! Como puedes imaginar, Neni, me volví a enfrentar a lo que había vivido con mi primer hijo: dejarlo a cargo de alguien más. ¡La historia de no poder cuidar de mi propio hijo se repetía una segunda vez! Ya no los dejaba con mis familiares, sino en una guardería, y todas las mañanas que iba a entregarlos me sentía fatal.

Mi vida cambió cuando la vida me puso frente a la directora de una de las mejores escuelas de repostería de Monterrey, y me ofreció una beca completa si accedía a trabajar ahí con ellos. Sin pensarlo dos veces, renuncié a mi empleo vendiendo Afores y empecé a trabajar en la escuela de nueve de la mañana a seis de la tarde, y después de esto tomaba clases de seis de la tarde a diez de la noche. ¡Terminaba molida! A mis niños, ni tiempo tenía de verlos. Los dejaba con mi mamá dormiditos y los recogía dormiditos de nuevo.

Esta época de mi vida fue muy difícil porque por fin estaba haciendo algo que me apasionaba, pero NO RECIBÍA

UN SUELDO y encima de esto, veía muy poco a mis hijos. Eventualmente me gradué y empecé a dar clases de repostería, al mismo tiempo que inicié mi propio negocio de mesas de postres.

Empezar tu propio negocio puede ser una experiencia increíble, si tienes suficiente estabilidad en tu vida que te permita arrancar cómodamente. En mi caso, así como les pasa a muchas nenis, esta estabilidad no existía. El sueldo de mi esposo apenas nos alcanzaba para cubrir nuestros gastos, y después de que mis hijos tuvieran un par de malas experiencias en la escuela, recibimos un diagnóstico que le dio otro giro a nuestra vida: Elían y Matteo tenían Síndrome de Asperger.

El Síndrome de Asperger, hoy catalogado como Trastorno del Espectro Autista, es una condición en donde los niños batallan para socializar, no saben cómo relacionarse. Se considera como una rama del autismo que, aunque es de alto funcionamiento, requiere terapia. Como mamá, notas ese "algo" que te hace preguntarte muchas cosas y cuando nos dieron el diagnóstico ¡todo hacía sentido!

Como te decía antes, a todas nos gustaría iniciar nuestro propio negocio teniendo suficientes ingresos de otro lado y contando con todo el tiempo del mundo para dedicárselo al nuevo emprendimiento. Sin embargo, la vida pocas veces es ideal, y muchas de nosotras empezamos a ser nenis andando contra viento y marea. Aun así, nos las arreglamos y generamos ingresos para apoyar la economía de nuestras familias.

En muchos casos, las nenis terminamos siendo el sostén principal de nuestras casas, ¡como me pasó a mí! Te había contado que mi esposo tenía un empleo en el IMSS, sin embargo, debido a un cambio de administración, lo despidieron, así que mi negocio de postres y pasteles se convirtió de la noche a la mañana en nuestra única manera de percibir ingresos.

Te tengo que confesarte, Neni, que en ese momento inició una de las épocas más grises de mi vida. Ya no podíamos pagar las mensualidades de la casa y empezaron a llegar cobradores y personas que nos amenazaban por no pagar. Realmente vivía en pánico constante de que me desalojaran. Me acuerdo de tener que ir al supermercado con $700 pesos a la semana y ver cómo le daba de comer a dos niños, dos adultos y una perrita que teníamos. ¿Se podía caer más bajo de lo que habíamos caído?

Mi esposo, en su desesperación, encontró trabajo en el ramo de la construcción... en Estados Unidos. Aunque no queríamos separarnos, tuvimos que hacerlo. Mi corazón se hacía pedazos todos los días.
¡Mis hijos estaban creciendo sin su papá!

Debido a nuestras carencias económicas, no podíamos hacer muchos viajes para vernos, ni siquiera en fechas especiales como Navidad, ya que esos días yo estaba llenísima de pedidos. Recuerdo que para que mis hijos pudieran abrir sus regalos el día 25 junto a su papá, los dos manejábamos a la frontera y nos encontrábamos ahí. Mi esposo y mis hijos se perdieron de muchos eventos importantes juntos, como los festejos del Día del Padre. ¡Ese día prefería no mandarlos a la escuela!

Seguro te estarás preguntando, Neni, que cómo le hice para salir de esta situación. Si estás pensando que fue porque llegó una gran oportunidad de negocio a mi vida, estás equivocada. En efecto, sí me encontré con una gran oportunidad, pero esto fue más adelante. Lo que cambió mi vida en ese momento fue encontrar una gran maestra que me enseñó a tenerme amor propio.

"¿Cómo está relacionado el amor propio con el dinero?". ¡Al inicio, yo también me preguntaba lo mismo! A veces, cuando estás demasiado metida en tus problemas, es casi imposible ver como el autoestima puede ayudar a que tu vida mejore. Yo misma no lo hubiera creído, pero afortunadamente conté con el apoyo de una terapeuta maravillosa, que cuando le dije que no tenía dinero, me dejó pagar las terapias con pasteles.

Las terapias eran grupales, y fue ese grupo de personas lo que me hizo ver que, si yo me sentía mejor, iba a estar más presente en los momentos importantes.

Comencé a darle prioridad a mi cuidado personal, me esforzaba más por descansar, comer bien y dejé de gastar energía en reclamos constantes hacia mí misma. El amor propio me ayudó a prepararme, a conocerme mejor, y sobre todo a atender ese fuego interno que me decía que yo quería algo más y que estaba dispuesta a hacerlo realidad.

A los pocos meses de estar asistiendo a las terapias de las que te cuento, llegó a mí la oportunidad de iniciar mi negocio de *network marketing*. Tomé la oportunidad y gracias a todo lo que había aprendido en los años previos, así como con mi terapeuta, fui alcanzando rangos cada vez más altos dentro de la empresa.

Hoy te escribo este libro desde Corpus Christi, Texas, lugar en el que vivimos juntos. ¡Sí, juntos! ¡Lo logramos, Neni! Vivimos como familia, con una vida totalmente distinta a la que teníamos hace unos años. Mis hijos tienen otro tipo de educación y ya nadie nos persigue para pagar nada. ¡SOMOS 100% LIBRES DE DEUDAS! Dios es siempre tan bueno conmigo, que me permitió tocar fondo para impulsarme más fuerte hacia arriba.

Hoy, siento que es mi deber regresar el favor. Si puedo ayudar a cambiar las circunstancias de al menos a una persona, habré cumplido mi misión de vida. Ayudarnos unos a otros es lo que nos hace fuertes y yo estoy completamente comprometida con TU crecimiento.

Llevo seis años formando parte de una empresa maravillosa que es mi vehículo para apoyar a las personas a ganar dinero desde casa. ¡Literal, desde casa o de donde tú quieras! Estoy en una misión de empoderar a cada vez a más nenis para que el día de mañana puedan tener libertad financiera, así que vamos con todo Neni hermosa. ¡Estoy contigo!

Capítulo 2

¿Nuestros empleos nos ofrecen una verdadera libertad financiera?

En algún momento de nuestras vidas todos escuchamos el consejo "Ve a la escuela, obtén buenas calificaciones y encuentra un trabajo seguro." No es un mal consejo, ¿o sí? Tener un salario estable, beneficios laborales y seguridad en el empleo son cosas que nos aseguran una buena vida.

Un empleo puede ayudarnos a hacer muchas cosas: obtener nuestros propios ingresos, independizarnos del hogar familiar, dar el pago inicial para una casa o sacar un crédito. Sin embargo, ¿te has dado cuenta que cada vez menos personas buscan un empleo tradicional?

El ideal de trabajar veinte años o más en una empresa, hasta el momento del retiro, ha ido cambiando.

Hoy buscamos formas de trabajar que nos den más libertad. Todos tenemos en la mente la imagen de nuestros padres y abuelos dedicándole toda su vida al trabajo, ¡y ya no queremos hacer lo mismo! Además, los beneficios que un empleo ofrecía hace cincuenta años, ya no son los mismos que podemos disfrutar hoy en día.

Ir a la escuela, obtener buenas calificaciones, encontrar un trabajo seguro, estable y luego pasar al retiro, recibiendo una pensión de por vida de la empresa y el gobierno, es un concepto que pertenecía a la Era Industrial. Hoy nos encontramos en la Era de la Informática, y el panorama ha cambiado.

Hace dos generaciones, ser empleado era una opción laboral que sí podía ofrecerle a los trabajadores una buena calidad de vida. Los salarios eran relativamente altos, las jornadas laborales no eran tan largas, y solo era necesario que trabajara una persona por familia.

Hoy, el salario promedio es de $8,400 pesos al mes, y trabajamos aproximadamente 10 horas al día, usualmente todos los adultos de la familia.

Antes, todos los empleados tenían derecho a una pensión al momento de su retiro. Es decir, tu empresa se aseguraba de que recibieras un salario de por vida. Si empezaste a trabajar antes de 1997, podrás recibir estos beneficios. En cambio, si tu vida laboral inició después de esta fecha, las nuevas leyes laborales no ofrecen este beneficio. El dinero que recibas en tu retiro será solamente la cantidad que tú mismo hayas ahorrado.

Por último, a partir del año 2012, la Ley Federal del Trabajo empezó a permitir la práctica del *outsourcing* o subcontratación. ¿Has escuchado a alguien decir que trabaja en una empresa, pero no está en la nómina? ¿Te ha tocado que una empresa te diga que te contratará "por honorarios"? Si tu contrato no lo firma la compañía para la que trabajas, sino otra, probablemente estés contratada por el esquema de *outsourcing*. Aunque la subcontratación se empezó a utilizar para que las empresas tuvieran mayor flexibilidad en su organización y fueran más eficientes, el impacto que esto tuvo en los trabajadores no fue tan positivo. Salarios más bajos y menos prestaciones son algunas de las consecuencias negativas relacionadas con el *outsourcing*.

A pesar de las desventajas que representa esto para los empleados, el *outsourcing* ha crecido muy rápidamente. En 1998, solo el 15% de los trabajadores de la compañía estaban contratados bajo esta modalidad. Dos años después, ¡este porcentaje había subido a 40%! Hoy, México es el cuarto país donde más personas trabajan por *outsourcing*, según la Confederación Mundial de Empleadores.

En resumen, creemos que una de las razones más importantes por las que los empleos tradicionales han perdido popularidad es porque las empresas no nos ofrecen una verdadera libertad financiera. Nosotras trabajamos muchos años en empleos que nos ofrecían una relativa seguridad financiera, pero que se quedaban cortos en darnos la posibilidad de vivir una verdadera libertad.

Nuestras experiencias personales como empleadas

Nuestras experiencias como empleadas nos dejaron muchas enseñanzas que hasta hoy en día guían el trabajo que hacemos. La atención al cliente, las ventas y trabajar bajo presión fueron algunas de las habilidades que hemos adquirido gracias a nuestros primeros empleos. Además, como las dos somos muy sociables, nuestros empleos nos dieron la oportunidad de hacer muchísimos amigos a quienes queremos hasta hoy en día. Pero por más buenos que fueran nuestros empleos en algunos aspectos, también nos pintaron un panorama laboral que, de muchas maneras, no nos permitía tener la vida que queríamos tener, como mujeres y mamás.

"Atziry, *Atención a clientes*". Esto era lo que estaba escrito en mi gafete, durante los diez años que trabajé en un banco, en una compañía telefónica y en una empresa de seguros. Cuando entré a mi primer empleo, tenía 19 años y estaba emocionada por recibir mis primeros sueldos. Acababa de abandonar la casa familiar y vivía con *roomies* en un pequeño departamento. No tenía más responsabilidades que la de ver por mí misma, así que no pensaba que necesitara más de lo que mi empresa ofrecía. ¡En ese momento ganaba alrededor de 6 mil pesos al mes! Yo era una chiquilla y al principio pensaba que eso era muy bueno para mí, aunque pronto descubrí otra realidad. Cuando me casé, empecé a pagar una casa y un carro, después tuve a primer hijo, me di cuenta que iba a necesitar más recursos monetarios, así como más libertad con mis tiempos, y que las compañías para las que yo trabajaba no me estaban ofreciendo eso.

En mi caso, Regina, trabajé diez años en organismos del gobierno del estado y gobierno federal. Tengo que decirles que realmente disfruté mi trabajo mientras estuve ahí. Me encantaba poder relacionarme con personas y estar en la oficina. Y es que cuando recién entré a este trabajo, ¡me dieron una oficina hermosa con una vista increíble de la Ciudad de México! Claro, no siempre tuve el mismo puesto ni los mismos jefes, y hacia el final de mis años en este empleo, estar en la oficina no era tan padre como al principio, pero lo que siempre agradecí de este trabajo fue que me dio la oportunidad de ser independiente desde muy joven y de cumplir mi sueño de vivir en la ciudad que siempre había soñado.

Conforme pasaron los años, me di cuenta que ya no iba a poder avanzar más de lo que había logrado, pues los siguientes puestos ya estaban dados a los colaboradores directos de los directores generales. Más allá de este obstáculo, aunque ocurriera un golpe de suerte y hubiera logrado subir de puesto, veía muy claramente que ese trabajo no me iba a dar la vida de mis sueños ni la libertad que quería para formar mi propia familia.

Además de lo que mencionamos al inicio del capítulo; los salarios bajos, la falta de apoyo para el retiro y la popularización del *outsourcing* más otras desventajas con las que nos topamos en nuestros empleos fueron los horarios que se extienden más allá de lo estipulado y la dificultad para conciliar la vida familiar con la vida profesional. Vamos a contarte un poco de cómo vivimos cada uno de estos aspectos "desafortunados" de la vida laboral.

El sol se oculta, y tú sigues en la oficina

¿Cuántas tazas de café te has tomado desde que llegaste a la oficina? ¿Tres? ¿Cuatro? ¿Ya perdiste la cuenta? Tu bandeja de entrada del correo electrónico está llena, y tu lista de pendientes parece interminable. Es otro de esos días.

Según la Organización para la Cooperación y Desarrollo Económicos (OCDE), los empleados mexicanos son de los que más horas trabajan en todo el mundo. Mientras que en Alemania se trabajan 40 horas a la semana, 47 horas semanales en Chile y 36 en España; en México trabajamos un promedio de 70 horas a la semana. De estas horas, 45 son remuneradas y el resto se trabajan sin salario alguno.

Para mí, Regina, la falta de horarios bien estipulados fue una de las razones que me motivaron a buscar otras opciones laborales más allá del empleo tradicional. Constantemente vivía en el "córrele, córrele" y era muy común que a pesar de hacer mi trabajo lo más rápido posible, no terminara mis tareas al finalizar el día, así que tenía que quedarme más allá de mi hora de salida.

La frase "tienes hora de entrada, pero no de salida" era nuestro pan de cada día, así como los famosos "bomberazos", o emergencias laborales que teníamos que resolver a como diera lugar antes de que se terminara el día, me hicieron quedarme trabajando hasta altas horas de la madrugada. Recuerdo particularmente un a vez que regresé a mi casa a las 2 de la mañana, ¡y mi jefe me llamó y me pidió que regresara a la oficina a seguir trabajando! Este hecho me hizo sentir denigrada e insultada. ¡No podía ser que mi jefe no respetara en lo más mínimo mi derecho al descanso y a tener una vida fuera de la oficina! Lo que más me molestó fue no haber podido decir NO, por la necesidad y el miedo de perder un empleo seguro.

Con el tiempo, los horarios largos y también imprevisibles, me empezaron a parecer una gran desventaja, y el ritmo súper acelerado en el que vivía me empezó a pasar factura, tanto en mi salud física como en mi salud mental. Todos los viernes, apenas salía de trabajar, me iba a Cuernavaca. El domingo en la noche o en ocasiones el lunes por la mañana, me regresaba a la Ciudad de México, siempre con una sensación de pesadez tremenda. La verdad es que no era así como yo imaginaba mi vida. Esta pesadez se fue convirtiendo poco a poco en apatía y luego en depresión, porque no veía cómo podía mantener esta rutina de viajar, tener hijos y disfrutar de la vida, mientras corría la carrera del ratón y solo me dedicaba a pagar las cuentas.

En los empleos tradicionales, si trabajas bien, ¡terminas trabajando más!

En 1997, el empresario y emprendedor estadounidense Robert Kiyosaki escribió un libro titulado *Padre rico, padre pobre* en donde cuenta la historia de su padre, quien era un maestro que trabajó muchos años en la Secretaría de Educación de Hawaii, y el padre de su amigo, un empresario exitoso que compartió con el autor del libro todo lo que sabía acerca de hacer negocios. El libro compara las enseñanzas que le dieron estos dos padres. El padre rico, que era en realidad papá de su amigo, siempre buscó la libertad financiera, y gracias a esa visión, logró crear con sus negocios una gran cantidad de ingresos monetarios, sin sacrificar nunca el tiempo que pasaba con su familia. Por otro lado, su padre biológico, el padre pobre, estaba culturalmente programado para buscar la estabilidad laboral por encima de todo lo demás. Aunque fue un respetado maestro y funcionario de gobierno, sus finanzas nunca fueron muy buenas. Además, conforme ascendió de puesto, el salario se fue haciendo más alto. Sin embargo, así como se multiplicó el dinero, ¡se multiplicó la cantidad de trabajo que tenía que hacer! Incluso, con cada ascenso, la cantidad de trabajo crecía mucho más que la retribución económica. El señor Kiyosaki logró llegar a puestos muy importantes, pero en lugar de que eso lo beneficiara, cada vez llegaba más tarde a su casa.

Desafortunadamente, esta es la realidad en muchas empresas, donde las personas que cumplen de forma rápida con sus metas, en lugar de que se puedan ir a descansar con el tiempo que les sobra, reciben más carga de trabajo.

¿Has visto que, en lugares como bancos, oficinas de trámites oficiales o en centros de atención a clientes, tienes que tomar un número de turno para ser atendida?

Una vez que tomas tu papelito, tienes que esperar pacientemente a que tu turno aparezca en una de las pantallas. ¡Qué bien se siente cuando suena el tono *"turún"* y tu número se ilumina! Cuando somos clientes, quisiéramos que los números avanzaran lo más rápido posible. Lo entiendo muy bien, he estado ahí. ¡Pero también he estado del otro lado! Durante seis años trabajé en una ventanilla de un centro de atención a clientes de una compañía telefónica, y mi trabajo incluía, al finalizar cada turno, picarle al botón que produce el famoso sonido *¡"turún"!*

Yo era muy eficiente, procuraba atender a los clientes lo mejor y más rápido posible, y mientras mis compañeros avanzaban a este ritmo: *"turún............*

turún.................. turún........ turún "

yo me escuchaba así:

"turún...turún...turún...turún...turún...turún"

Hasta mi jefa (que aquí entre nos, era algo malhumorada) coincidía en que yo era la más rápida en atender a los clientes. Sin embargo, lejos de que eso me trajera algún beneficio, hizo que yo tuviera que trabajar mucho más. A pesar de que mis turnos duraban, en promedio, tres minutos menos que los de mis compañeros, no podía tomarme ese tiempo para ir al baño o prepararme un café, sino que se me exigía llegar a metas cada vez más elevadas.

De hecho, para ir al baño, tenía que activar un reloj que empezaba a contar los minutos que estaba fuera de mi lugar. Si me pasaba de los minutos permitidos, ¡adiós al bono de productividad! Verdaderamente mi vida estaba controlada por un reloj, y no me gustaba nada.

Además, al finalizar el día, yo era la que tenía más papeleo por hacer, ya que era la que más clientes había visto. ¿A ti te parecería justa esta situación?

¡Es muy difícil ser mamá y empleada al mismo tiempo!

Si tú eres mamá, ¡sabes lo difícil que es trabajar y criar a tus hijos al mismo tiempo! En el año 2017, Larissa Waters llevó a su hija recién nacida a una sesión del senado. Esta senadora australiana había regresado al trabajo después de su baja por maternidad, y su bebé, Alia, salió en los periódicos internacionales por haber sido la "primera bebé en ser amamantada en el parlamento nacional australiano". Un año antes, Carolina Bescansa, una política española, había llevado a su hijo de seis meses a la cámara de diputados. Aunque el gobierno de España ofrece un servicio de guardería, esta diputada quiso llevar a su bebé al escaño para promover leyes que beneficiaran a las madres trabajadoras. "Hay mucha dificultad de miles de madres para conciliar la vida familiar y laboral.

Necesitamos que el tener hijos deje de ser algo que las mujeres tienen que resolver por su cuenta en la invisibilidad."

Además de estas dos mujeres, otras diputadas y senadoras alrededor del mundo hicieron lo mismo: llevar a sus hijos o hijas bebés al trabajo para hacer conciencia acerca de la importancia de que las mujeres puedan ser mamás y tener una vida profesional al mismo tiempo. Dinamarca, Italia y Argentina fueron algunos de los países donde las mujeres políticas se unieron a esta forma de hacer conciencia sobre la importancia que tiene este tema.

En México, el 43% de la población económicamente activa somos mamás con al menos un hijo. ¿Cuáles son nuestros derechos? La Ley Federal del Trabajo nos da derecho a un descanso de seis semanas anteriores y seis posteriores al parto, gozando del 100% de nuestro salario durante este tiempo.

Aunque nuestra situación es mejor que la de nuestro país vecino, Estados Unidos, en donde estas seis semanas de baja por maternidad no se pagan, falta mucho camino por recorrer para que las mujeres podamos conciliar nuestra vida de mamás con nuestra trayectoria profesional.

"¡Claro que te puedo cuidar a tu hijo, Atziry! ¡Yo te cuidé también a ti, cuando eras niña!". Escuchar a mi tía decir eso fue un alivio y una tristeza al mismo tiempo. Alivio porque tenía quien cuidara a mi hijo. Y el otro sentimiento, ¡ya te imaginarás! Estaba muy triste de no poder ver crecer a mi hijo por tener que ir a trabajar.

Estoy convencida de que una de las grandes deficiencias del sistema laboral actual es que no permite que las mamás criemos a nuestros propios hijos. Las políticas que aprueba el que recibamos nuestro salario mientras nos tomamos la baja por maternidad son importantísimas. Pero algo de lo que no se habla tanto, a pesar de que es un tema que nos afecta a nosotras y a nuestros hijos directamente, es que los horarios laborales no están diseñados para que las mujeres puedan trabajar y ejercer su maternidad al mismo tiempo.

Estar ahí cuando nuestros hijos dicen su primera palabra, tomar video de cuando están aprendiendo a caminar, ver la cara que ponen cuando prueban una comida nueva ... ¡No tendríamos que estar perdiéndonos de esto! Hay muchísimas mamás que trabajan y que todos los días tienen que separarse de sus hijos y dejarlos encargados con algún familiar o en una guardería. Entre todas las mujeres con las que he platicado de esto, no he encontrado a ninguna que esté feliz con esta situación. ¡Y vaya que lo he platicado con muchas!

Además, una vez que las mamás nos resignamos a tener que dejar a nuestros hijos con otra gente, nos damos cuenta de que la opción de guarderías que ofrece el gobierno y algunas empresas, nos dificulta las cosas en lugar de ayudarnos. Por ejemplo, mi primer hijo tenía reflujo, razón por la cual no lo aceptaron en la guardería. Tuve que dejarlo al cuidado de mi tía, la que me había cuidado a mí también cuando era chica. Le pagaba $100 pesos diarios y aunque era poco, ¡esta cantidad era casi un tercio de mi salario! Yo estoy muy agradecida con mi tía por haberme apoyado tanto con mi hijo. Si tú tienes familiares que te ayudan de esta manera, sabes que son como unos superhéroes o unas superheroínas. Aún así, a veces nuestros familiares se enferman, tienen que salir de la ciudad o necesitan ir a hacer un trámite. En estos casos, ¡¿con quién dejas a tus hijos?!

Recuerdo un día que a mi tía le sucedió una emergencia médica. Ese día tuve que quedarme con mi hijo, y no pude ir a trabajar. Eso hizo que perdiera un día de sueldo, además de mi bono mensual por asistencia. Para cuando mi hijo tenía seis meses, su reflujo había mejorado, así que decidí inscribirlo en la guardería. ¡Ahí me enfrenté a otro problema! A pesar de que las guarderías están especialmente diseñadas para las mamás que trabajan, ¡sus horarios de cierre y apertura coinciden con los horarios de las empresas! ¿Cómo se suponía que llevara a mi hijo a las siete de la mañana a la guardería, si yo tenía que estar camino a mi lugar de trabajo a esa misma hora?, ¿y cómo lo iba a recoger a las seis de la tarde, si yo salía de trabajar a las siete?

Mi esposo, mi mamá y mi tía hacían malabares para ir a dejar y recoger a mi hijo.

Cuando tuve al segundo, ya trabajaba en otra compañía, una aseguradora en la que oficialmente había horarios flexibles, pero la realidad era que teníamos que estar prácticamente todo el día en la oficina. Muchas veces tuve que llevar a mi hijo al trabajo, para disgusto de mi jefe y algunos de mis compañeros.

Cuando teníamos clientes en la oficina o recibíamos una llamada, ponía en su silla de bebé abajo de mi escritorio, ¡y rezaba para que no llorara muy fuerte!

Tengo una amiga que, en broma, dice que ella es la "otra mamá" de mi hijo. Esto es porque yo no pude ir a su primer festejo del Día de las Madres. Mi amiga, que tenía una hija en el mismo kínder, fue la que vio su bailable, le tomó fotos y lo ayudó a pintar un cuadro con pinturas y espagueti. Aunque mi amiga recuerda dicha anécdota con cariño, para mí sigue siendo un recuerdo muy doloroso, porque a pesar de que le expliqué a mi jefa lo importante que era para mí poder estar con mi hijo en su primer festival, el permiso me fue negado, y yo por miedo a perder mi trabajo, no me atreví a reclamar o a defender más mis necesidades.

Hoy en día, mi mayor motor, mi "por qué", es lograr que ninguna mujer tenga que separarse de sus hijos por motivos de trabajo. Una de mis prioridades en el negocio que tengo hoy en día es poder darles a las mujeres y mamás de mi equipo la oportunidad que yo no tuve: ver crecer a sus hijos. Mi mayor bandera es que una mujer pueda ser mamá y no se tenga que limitar financiera ni profesionalmente.

A ti, ¿te gustaría ver crecer a tus hijos? Recuerda que la verdadera libertad financiera no es solo tener un salario asegurado mes con mes, si no contar además con la libertad de tiempo para vivir lo que para ti vale la pena vivir: desarrollar tus pasatiempos, poder viajar o compartir momentos valiosos con tu familia. Si te gustaría ser una mamá presente en la vida de tus hijos, no basta con tener la seguridad salarial que te ofrece una empresa, sino que necesitas buscar la manera de tener libertad financiera.

¿Por qué decidimos dejar nuestros empleos? Psst... ¡esto no quiere decir necesariamente que tengas que dejar el tuyo!

Cuando pensamos en otras opciones laborales, más allá de nuestros empleos, dos de los ideales que más nos cuestan "sacrificar" son la lealtad y la dedicación. A muchos nos ilusiona vivir estos dos ideales, típicamente dentro de una empresa. ¿Quién no se impresiona cuando leemos de un CEO que llegó siendo mensajero y escaló hasta el puesto más alto? ¿O cuando escuchamos la historia de un médico de gran trayectoria que salvó la vida de cientos de personas? Estamos conscientes de que es un motivo de gran orgullo consagrarse a una profesión o a una compañía durante muchos años, y retirarse con el respeto y el reconocimiento de los compañeros de trabajo.

Conocimos, en un viaje que hicimos juntas, a una mujer que estaba próxima a jubilarse, ¡porque llevaba 40 años trabajando en la misma empresa! Araceli nos contó que llegó a la empresa constructora a los 18 años. Al principio realizaba tareas sencillas: responder los teléfonos y tomar los mensajes de los clientes. Pero con el tiempo fue adquiriendo más y más responsabilidades, hasta el punto en que los dueños decían: "¡esta empresa no puede funcionar sin Araceli!". Mientras trabajó en la empresa, Araceli se casó, recibió su viaje de luna de miel como regalo de la compañía, tuvo cuatro hijos y siempre se sintió apoyada para conciliar su vida familiar y laboral.

¡Con cuánto respeto vemos a las personas que tienen el compromiso y la dedicación de Araceli! Un mensaje que nos encantaría transmitirte es que ser empleada no es malo. Hay muchas nenis que también son empleadas, y aprecian por igual ambas facetas de su vida. Su empleo les da estabilidad, además de un ambiente laboral que muchas disfrutan. Sus actividades como nenis les dan ese ingreso extra que pueden llevar a casa o usar para sus gastos personales. Si te gusta tu empleo, pero también tienes la cosquillita de emprender, ¡inténtalo! Esto no quiere decir que tengas que dejar un trabajo que te parece bueno. En nuestro caso, terminamos dejando atrás empleos, pero seguimos muy agradecidas por los años que trabajamos como empleadas.

Durante esos años tuvimos la oportunidad de aprender y de tener estabilidad económica en nuestros primeros años de adultez independiente. ¡No cambiaríamos por nada los años de experiencia que tuvimos gracias a nuestros empleos!

A nuestro juicio, existe un único problema dentro del modelo de trabajo tradicional. Cada vez es más difícil hacer esta trayectoria laboral en las empresas tradicionales. A medida que crecen las presiones económicas sobre las compañías, se imponen presiones crecientes sobre los empleados. Quienes pierden son sus hijos, sus parejas, y su calidad de vida en general. Nosotras vimos que no íbamos a poder tener un balance entre nuestra vida familiar, personal y profesional. Nos encontramos en una economía en la que se trabaja cada vez más para mantener una calidad de vida en constante caída. Nuestros empleos eran demasiado demandantes en tiempo y energía. Conforme crecieron nuestras familias, los salarios que nos parecían altos estando solteras, dejaron de ser suficientes como para darle una vida cómoda a una familia con hijos.

Buscando la libertad

El momento en el que decidimos que queríamos buscar una verdadera libertad financiera es clave para nuestras historias de vida. Recuerda que la libertad financiera tiene dos elementos básicos: la estabilidad económica, junto con libertad de tiempo y horarios para disfrutar de tu vida personal. Después de algunos años en nuestros empleos, y conforme pasamos de ser solteras a tener familias, nos dimos cuenta que un empleo no nos ofrecía ninguno de esos dos elementos básicos. El salario, que alcanzaba para una persona, no era suficiente para cuatro. Y los horarios muy demandantes y poco previsibles, no nos permitían atender a nuestras familias como nos hubiera gustado.

Si tú te enfrentas a estas mismas limitaciones en tu empleo, seguro te estarás haciendo las mismas preguntas que en ese momento nos hicimos nosotras, ¿qué otras opciones laborales tengo? ¿Cómo puedo generar ingresos y estar al mismo tiempo estar presente en mi casa y con mi familia?

Lo que nosotras hicimos en ese momento fue hacer un cambio de cuadrante.

Capítulo 3
Empleo vs Autoempleo

Perdón por dejarte en suspenso en el capítulo anterior. Nos acordamos de cómo todas las series siempre terminan en la parte más emocionante. Quisimos hacer lo mismo porque nos encanta la idea de que sigas leyendo. ¡Tenemos tantas cosas que queremos contarte!

Nos quedamos en que, después de ver cómo nuestros empleos no nos iban a permitir tener la vida que queríamos, hicimos un cambio de cuadrante. Seguro te estás preguntando "¿Un cambio de qué? ¿Qué es un cuadrante?"

Para que entiendas de lo que estamos hablando, queremos platicarte de unos de nuestros libros favoritos. ¿Recuerdas que en el capítulo anterior hablamos del empresario estadounidense Robert Kiyosaki? En su libro *Padre rico, padre pobre* este autor contó la historia de su papá, y de que su empleo como maestro y funcionario de gobierno no le dio una vida realmente libre. El señor Kiyosaki, a pesar de trabajar muchísimo, nunca fue rico. Además, cuando empezó a ascender de puesto, perdió la oportunidad de disfrutar de su tiempo libre y convivir con su familia. ¡Cada vez tenía que trabajar más!

Después de escribir este primer libro, y haciéndose la pregunta ¿cómo puede mi destino ser diferente al de mi padre?, Robert Kiyosaki publicó en 1998 *El cuadrante del flujo del dinero.* En este libro Kiyosaki analiza cuatro distintas maneras en las que las personas podemos obtener ingresos, y explica las ventajas y desventajas que encontramos en cada una de estas opciones.

Una de las primeras cosas que presenta en su libro es un esquema dividido en cuatro. Cada sección –o cuadrante-representa una de las maneras en la que podemos obtener dinero. Los cuatro cuadrantes corresponden a Empleado, Autoempleado, Dueño de negocio e Inversionista. En el capítulo pasado hablamos acerca del empleo. Ya sabes cuáles son las cosas buenas y también las limitaciones que existen en este cuadrante. En este capítulo vamos a explorar el segundo cuadrante: el autoempleo.

No nos van a dejar mentir, aquí todas queremos liberarnos del trabajo. A nadie le gusta empezar su mañana atorada en el tráfico camino a la oficina, no tener tiempo de desayunar o llegar tardísimo a tu casa, súper cansada, y encontrar a tus hijos ya dormidos. Claro, hay empleos que sí son buenos, en donde te sientes verdaderamente valorada, el sueldo es justo y se respetan tus horarios de entrada y de salida. Pero, así como hay empleos increíbles, existen trabajos no tan buenos, y una de las primeras cosas que se nos ocurren cuando estamos en esta última situación es... ¡emprender!

Una persona emprendedora o auto-empleada es aquella que empieza a vender sus productos o servicios por su cuenta. Por ejemplo, una dentista que trabaja dentro de un hospital del IMSS es empleada. Si esa misma dentista decide que mejor quiere abrir su consultorio privado, entonces pasa a ser neni- dentista, es decir, auto-empleada. Quienes deciden pasar del cuadrante de "empleados" al cuadrante de "auto empleados" usualmente lo hacen motivados por el deseo de trabajar para ellos mismos, en lugar de hacerlo para alguien más.

¿Te suena familiar, Neni? La mayoría de las nenis se encuentran en el cuadrante de autoempleadas, o incluso muchas de ellas dividen su día entre ser neni y trabajar además para una empresa u organización.

Si vendes tus propios productos, eres tu propia jefa, decides cuándo trabajas y cuándo descansas, tus ingresos dependen de lo mucho o poco que te esfuerces en el día a día, entonces eres autoempleada. Esta opción laboral tiene ventajas por sobre el empleo tradicional, como mayor flexibilidad en horarios, pero tiene también sus desventajas.

Pide otro café, prepárate una botana (de preferencia saludable) y ponte cómoda, porque vamos a platicarte un poco más acerca de un sector de la población que está lleno de mujeres fuertes, decididas y, en pocas palabras, ¡chingonas!

Nenis, las mujeres emprendedoras de México

En México hay alrededor de 4 millones de nenis, o mujeres emprendedoras, entre los 18 y 55 años de edad. ¡Esto es el equivalente a que todas las personas del estado de Oaxaca fueran nenis! Nosotras dos, por mucho tiempo, fuimos nenis también. Vendíamos ropa, maquillaje, artículos para el hogar, productos de limpieza orgánicos, servicios de belleza y repostería. Todo lo que vendíamos lo entregábamos a domicilio o en "puntos medios".

Nos encantaría contarte cuánto antes nuestras experiencias como nenis, para compartirte las anécdotas que disfrutamos, lo que aprendimos, las cosas que volveríamos a hacer y las que definitivamente no repetiríamos. Pero para estar todas en la misma página, queremos primero responder una pregunta que mucha gente nos ha hecho ¿qué es una neni?

La empresaria que todas llevamos dentro

El término neni, que se popularizó mucho a inicios de este año, se refiere a las mujeres que venden productos en internet, desde ropa, accesorios y zapatos hasta artículos para la cocina y el hogar. A nosotras, la definición de neni que más nos gusta es "Nuevas Emprendedoras de Negocios por Internet", pues usamos las plataformas digitales como anuncios de *Google*, redes sociales y los famosos y amados -aunque a veces polémicos e intensos- grupos de mamis emprendedoras y demás grupos de mujeres.

Aunque nos encanta la definición de Nuevas Emprendedoras de Negocios por Internet, el calificativo de "las nenis" surgió originalmente de la relación que estas vendedoras tienen con sus clientes, usualmente otras mujeres, a quienes en forma de cariño les llaman linda, bonita o nena.

—Ya tengo la crema que me habías pedido, *nena*. —Te paso mi número de cuenta, *nena*. —Súper, *nena*, ya te deposité. ¿Nos vemos sobre Avenida Morelos para la entrega? —Traigo *leggings* y blusa blanca, para que me reconozcas. Acá te veo, *nena*. —¡Me ayudó muchísimo la crema! ¡Mil gracias, *nena*!

¿Te suena familiar? Aunque inicialmente el término tenía un tinte peyorativo, su propósito era "hacer menos" el tipo de trabajo al que se dedican estas comerciantes, muchas mujeres nos hemos pronunciado como "orgullosamente *nenis*". Lo que empezó como una burla se convirtió en un motivo de orgullo.

¿Por qué decidimos ser Nenis?

Como a muchas mujeres, lo que nos motivó a ser nenis fue el deseo de generar ingresos extras, disfrutando al mismo tiempo de la libertad para hacer otras actividades, personales o familiares.

"Regina, ¿vas a poner hoy tu tiendita?" Esta fue una frase que escuché decir a mis vecinos una y otra vez durante mi infancia. Desde chica, siempre tuve la inquietud de ahorrar y hacer mis propios negocios. A los siete años ponía una "tiendita" afuera de mi casa, y a los trece inicié mi primer negocio junto con uno de mis hermanos: Los pays de Regina.

Me gustaba tanto mi pequeño negocio de pays que seguí haciéndolos aún cuando entré a la universidad. Estudiaba Relaciones y Negocios Internacionales, al mismo tiempo que hacía crecer mi negocio, llevando mis pays a distintas cafeterías de la ciudad. Después de graduarme, como aún no había conseguido empleo, empecé a vender bolsas. ¡A todas mis amigas les encantaban! Estando soltera y teniendo tan solo 20 años, los ingresos que me daba la venta de las bolsas me parecía más que suficiente.

Pocos meses después de haberme graduado entré a trabajar al gobierno. Aunque el ritmo de trabajo era muy ajetreado, ¡aún así me las arreglé para ganar algo de dinero extra! Una prima mía me había invitado a un evento en donde hicieron una demostración de una máquina de rejuvenecimiento facial que tenían unos resultados maravillosos.

Desde el primer momento que la probé, me enamoré del efecto: te alzaba el pómulo, los párpados, quitaba las arrugas, los barritos... Al llegar a la oficina todos me empezaron a preguntar "¡¿qué te hiciste?!" Así fue como me convertí en una neni-godín y durante mucho tiempo, además de hacer mi trabajo, ofrecía faciales a todas mis compañeras. Aunque ya tenía un sueldo estable, el dinero extra me venía muy bien, ¡además de que me divertía mucho!

En ese momento empecé a descubrir cosas que me gustaban más que trabajar en una oficina. Disfrutaba muchísimo hacer los faciales y platicar con mis clientas, además de que conocer a tanta gente nueva, poder platicar con ellas, detonó un gran proceso de crecimiento personal. Recuerdo con mucho cariño a una de mis clientas más frecuentes, Socorrito, que al ver que estaba pasando por una etapa muy difícil de depresión, me introdujo al Reiki y me regaló uno de los mejores libros que he leído hasta ahora, *El juego de la vida y cómo vivirlo*, de Florence Scovel. Mi visión acerca de la vida; lo que deseaba, mis objetivos personales y profesionales, cómo me sentía acerca de mí misma, empezó a cambiar. Cuando me regresaba los viernes a Cuernavaca, aprovechaba el camino para escuchar a Deepak Chopra, un médico y ganador de un premio Nobel que habla sobre el poder de la mente para sanarnos, así como a Bob Proctor, fundador del *Instituto Proctor Gallagher*, el cual tiene como misión "ayudar a las personas a entrar en contacto con ellas mismas y con su esencia". Un domingo en la noche o el lunes, de regreso a la Ciudad de México, manejaba por la carretera sintiendo que podía comerme al mundo... pero me sentía atrapada en mi trabajo. Tenía 28 años y no era momento aún de dejar atrás mi empleo, pero sentía que la semillita de "una vida diferente" había sido plantada en mí.

En mi caso, Atziry, empecé a ser neni mucho después que Regina. Mientras fui estudiante y después empleada, nunca me preocupé en tener un negocio propio. Fue hasta que estaba en el último de mis empleos, en una situación laboral que ya no me gustaba, que decidí empezar a vender zapatos por catálogo. Empecé casi por accidente, una vez que fui a casa de una tía -que siempre tenía tres o más catálogos en su casa- y vi unas botas que me encantaron. "¡Quiero esas botas!", le dije. En ese momento mi tía me explicó que, si yo también me inscribía para vender zapatos, las botas me iban a salir más baratas. Ahí me di cuenta que podía comprar las cosas con descuento si me inscribía a las empresas y las compraba como distribuidora. Así empecé a vender por catálogo -además de zapatos- maquillaje, *tuppers*, productos de limpieza orgánicos, y básicamente, todo lo que yo consumía para mi casa o para mis hijos. Fue con esas botas, y todos los catálogos que productos que vinieron después de eso, que incursioné por primera vez en el mundo de las nenis.

Vender productos por catálogo fue mi primer probadita del mundo del autoempleo, ¡pero yo seguía conservando mi trabajo! Al igual que Regina, mi transición del empleo al autoempleo no fue de un día a otro, sino gradual.

Pocos meses después de haber tenido mis primeras experiencias como neni emprendedora, recibí una beca para estudiar en la mejor escuela de repostería de Monterrey. Ser repostera era uno de mis sueños desde muy chica. ¡Tenía que aprovechar la oportunidad! Dejar atrás mi trabajo estable no fue sencillo. Lo pensé un tiempo, pero al final afortunadamente decidí estudiar repostería, lo cual me llevó muy pronto a abrir mi propio negocio de postres y pasteles.

¿Quieres conocer más detalles de nuestras historias como nenis? ¡A nosotras nos encanta platicar, así que ya queremos contarte todo! En el siguiente capítulo te compartiremos nuestras experiencias, así como *tips* y consejos prácticos que aprendimos de nuestros éxitos y también, tropiezos. Pero antes de pasar al siguiente capítulo, nos gustaría compartirte por qué es relevante que las mujeres nos eduquemos en temas empresariales y financieros. Creemos que es importante que tú, Neni o aspirante a neni, aprendas qué es lo que te puede hacer mejor, ¡nada más y nada menos porque eres un pilar de la economía nacional!

Las mujeres somos un pilar de la economía nacional

Según la revista Expansión, en el año 2020, el trabajo de las mujeres tuvo un valor de 60 mil millones de pesos. A esto hay que agregarle el trabajo que realizan las mujeres en los hogares o negocios informales. Si se tomaran en cuenta los trabajos domésticos e informales el valor del trabajo que producen las mujeres subiría a 100 mil millones de pesos al año.

México ha registrado un incremento constante en la participación de las mujeres en el empleo. En 1970, 17 de cada 100 mujeres desarrollaba actividades económicas. En el 2002, este porcentaje había aumentado a 35%. Hoy en día, la participación de mujeres en el mercado laboral se acerca cada vez más a la de los hombres. A esto hay que agregar todas las mujeres que -como las nenis- se dedican al comercio informal o a las labores del hogar.

El trabajo que hacemos como profesionistas, amas de casa, madres y hasta jefas de familia, nos convierte en un pilar esencial de la economía del país.

Además, las mujeres y las nenis hemos sido una parte grandísima de la economía en tiempos regulares, la importancia de las actividades femeninas se ha vuelto mayor desde el inicio de la pandemia de COVID-19. Hace más de un año, vimos cómo repentinamente se paró toda la actividad económica mundial, lo que ocasionó que se perdieran millones de puestos de trabajo y millones de familias quedaron sin su fuente de ingresos.

Según un reporte del INEGI publicado en el 2021, 2.4 millones de personas perdieron sus empleos, quienes en su mayoría han sido mujeres, ya que nos dedicamos tradicionalmente a los sectores que resultaron más golpeados por la pandemia: el comercio y las áreas de servicio. Hoy en día, 1 de cada 3 hogares en México es dirigido por una mujer.

Ante esto, las madres, profesionistas, amas de casa y nenis, no nos quedamos de brazos cruzados. En medio de la crisis económica más grave de la historia contemporánea, hemos hecho uso de las plataformas virtuales y de las redes de familiares y amigas para activar el comercio local y compensar el golpe de la recesión. Vendemos de todo, desde productos traídos del extranjero, hasta los que son hechos por nosotras mismas.

Eso sí, siempre cuidando cumplir con los estándares de calidad que sabemos que piden quienes nos compran.

Muchas de las nenis son micro emprendedoras. Trabajan con sus propios recursos, la mayoría de las veces sin contar con oficina o algún establecimiento. Dinamizan el comercio electrónico, al tiempo que generan un empleo propio y contribuyen al consumo interno y el movimiento económico.

Cuando la estabilidad familiar está de por medio, las mujeres hacemos hasta lo imposible para sacar esa fuerza necesaria y lograr los resultados que esperamos. Es hora de que empecemos a ver lo poderosas que somos cuando nos decidimos a lograr algo. Por eso el término neni ha dejado de ser una burla y se usa más bien para hablar de mujeres fuertes que no tienen miedo de trabajar, a veces en sectores que no les son tan familiares de inicio, como el comercio en redes, para sacar adelante a su familia.

Capítulo 4
Las lecciones que aprendimos siendo nenis

Según Robert Kiyosaki, el autoempleo es una de las formas más difíciles de generar ingresos. Las personas autoempleadas, como las nenis, son las que más trabajan, ya que tienen que cuidar todos los aspectos de su negocio ellas mismas: responder el teléfono, pagar las cuentas, encargarse de las ventas, diseñar su propia publicidad con un presupuesto pequeño, manejar a los clientes, pagar impuestos. Lo que en una empresa es realizado por varias personas como empleados y gerentes, en el caso de las nenis tiene que ser hecho por una sola persona.

Suena agotador, ¿no? Además, las nenis, como otros autoempleados, son quienes cuentan con menos beneficios como seguro médico o ayuda para sacar un crédito.

Como te contamos en el capítulo anterior, en distintos momentos de nuestras vidas las dos tuvimos la oportunidad de ser nenis. Vendimos zapatos, artículos del hogar, postres y pasteles, ropa, bolsas y tratamientos de belleza. Hubo dificultades, pero también momentos que disfrutamos y lecciones invaluables que nos ayudaron a ser las empresarias exitosas que hoy somos. Te platicamos algunas de estas lecciones:

Una Neni puede emprender y ser una empleada al mismo tiempo

Si viste la película *Mirreyes contra Godínez,* una comedia mexicana de 2019 que retrata la vida diaria en las oficinas de Zapaterías Kuri, seguro recuerdas a Nancy, una joven chica "godín" que además es neni. La primera vez que aparece Nancy en la película, la vemos muy arreglada con su falda tipo lápiz, frente a su escritorio lleno de *post-it,* y nos platica:

> "Llevo trabajando en Kuri desde hace varios años. Soy Directora de Ventas, y pues me gusta también vender aquí en la oficina... pero el jefe no sabe que vendo cosas para mis compañeros, ¡no vayan a decir nada! Traigo mis catálogos todo el tiempo. Este es uno de mis productos más vendidos. Es un porta-barniz para que estés en tu escritorio y te puedas pintar las uñas. Mira qué fácil es de usar, ¡y no se mancha el escritorio!"

En cualquier lugar de trabajo, nunca falta la compañera que tiene el cajón de su escritorio lleno de dulces y botanas y es la "tiendita" del piso. O la que siempre pasa a saludarte a tu cubículo y te ofrece la última novedad en ropa o accesorios. Ser empleada y auto-empleada al mismo tiempo es muy común, y es una opción que siempre recomendamos a quienes estén buscando el camino hacia la libertad financiera. Sí aún no has desarrollado completamente tu propio negocio, ¡no dejes tu empleo! Puedes encontrar la manera de compaginar tu trabajo con el autoempleo, así como lo hizo Nancy y lo hicimos nosotras, que vendimos todo tipo de productos por catálogo y tratamientos de belleza en nuestras respectivas compañías.

Cuando aún éramos empleadas y empezamos a desarrollar nuestra faceta de nenis, lo veíamos como un *Plan B* o una manera de generar "dinerito extra".

En nuestro caso, el *Plan B* se convirtió en el *Plan A,* pero no necesariamente esto será igual para ti. Si tienes la cosquillita o la curiosidad de emprender, el chiste es que empieces. Una vez que inicies, seguramente te van a surgir todo tipo de preguntas en tu mente. "¿Voy a lograr tener éxito?", "¿podré eventualmente dejar mi empleo?", "¿quiero dejar mi empleo, o prefiero compaginar ambas cosas?" Nuestra recomendación es: ¡Simplemente hazlo! Muchas de estas preguntas las irás resolviendo sobre la marcha, es normal no tener un panorama completamente claro cuando recién comienzas.

Nosotras teníamos la visión de generar más dinero y buscar una realización personal que nuestros empleos no nos podían dar. Los pequeños negocios que iniciamos en ese momento no fueron lo que nos permitió ser millonarias al día de hoy, pero sí representaron un cambio de mentalidad que nos hizo entender que queríamos algo más y que merecíamos buscar la libertad financiera.

Algunas de las ventajas que le vemos a ser neni y empleada al mismo tiempo son:

- Puedes crear un ingreso adicional sin descuidar tu ingreso formal.
- Descubres áreas de oportunidad y nuevos intereses, que si estuvieras solamente en empleo no verías.
- Te da permiso de soñar más allá de la línea de tu sueldo.
- Es un excelente momento para empezar a crear nuevas personas, expandir tus puntos de vista y salir de tu zona de confort.

Una Neni tiene que saber cobrar por sus productos y su trabajo

¿Alguna vez, al ir a un pequeño negocio, como una miscelánea o una papelería, has visto un letrero que dice "Estimado cliente: no fío"? Tal vez te ha tocado ver mensajes cómicos que dicen cosas como "Hoy no fío, mañana sí". Incluso una vez vimos un letrero que decía "Solo fío a adultos mayores de 80 años... acompañados de su abuelito." Estos letreros -humorísticos y serios- son muy populares en los negocios alrededor de todo México porque sus dueños saben muy bien una cosa: fiar, o dejar que el cliente pague después, es uno de los mayores errores que puede cometer cualquier emprendedor.

"Atziry, ¿puedes regresar mañana? Es que ahorita me agarraste sin dinero." Si me hubieran dado un peso por cada vez que alguien me decía esa frase, ¡hubiera logrado ser millonaria mucho antes!

Cuando empecé a ofrecer zapatos por catálogo, me di cuenta que yo era muy buena para vender, pero muy mala para cobrar. Como la mayoría de las personas me pedían comprarme los zapatos en varios pagos, ¡me enfrenté a todo tipo de excusas al ir a pedirles los pagos pendientes! A veces las personas me decían que me iban a pagar cuando les llegara la quincena, o me pedían la oportunidad de liquidar en dos pagos. Yo aceptaba y cuando regresaba unos días después a cobrarles, me topaba con excusas como: "regresa al ratito porque ahorita fui al cajero y no me dio el dinero" o "te pago ahorita que llegue Chuchito".

Hay muchas Nenis que son buenísimas para cobrar, pero en mi caso, me daba mucha pena. Imagínate, Neni. ¡Más pena debía de haberle dado a quienes no me pagaban! Yo perdía horas tratando de cobrar algo, y al final, claro, ya no me quedaba ganancia. Había hecho de dos a tres vueltas para ir a cobrar, y tú sabes que la gasolina y el transporte no son gratis. Empecé a desesperarme porque necesitaba seguir con mi negocio, pero las cuentas no me salían. ¡Tenía una relación amor-odio con mi emprendimiento!

A mí, Regina, ¡me pasó lo mismo! Cuando estaba en la universidad y horneaba mis pays, iba a varias cafeterías alrededor de la ciudad y se los dejaba en consignación. Esto quiere decir que no me pagaban los pays cuando yo se los dejaba, sino que me pagaban hasta que este se vendiera. Pasados unos días de haberlos visitado con mis pays, regresaba para recolectar mi pago, y era muy común que me dijeran: "Uyyy... Tuvimos un gasto imprevisto y no vamos a poder pagar". Yo me quedaba pensando "Ese dinero era mío, y ahora ya no tengo con qué comprar la materia prima para hacer más pays". Lo mismo me sucedió cuando, después de renunciar a mi trabajo y casarme, empecé a vender ropa que traía desde Estados Unidos. La gente pedía comprarme en pagos, y cuando yo llegaba a cobrarles 2 mil, me daban solo 200.

En esta etapa entendí que no me sentía lo suficientemente capaz para exigir lo que ya era mío y no le estaba dando valor a mi trabajo. De hecho, la falta de pagos por parte de los clientes fue lo que llevó mi negocio de ropa a la quiebra. Por eso Te aconsejo que siempre le des valor a lo que estás haciendo. A veces nosotras mismas no vemos el valor de lo que le estamos dando a los demás. Nos comportamos como si la clientela nos hiciera el favor de estarnos ayudando cuando nos compran algo. En realidad, no es un favor, porque tú das un buen producto o servicio. Si vas a una tienda y el vendedor no titubea jamás al darte el precio de algún artículo, ¿por qué habrías de hacerlo tú?

Es TÚ trabajo y tienes que valorarlo, antes de esperar que otra gente lo haga. Es cierto que las mujeres somos tan chingonas que sabemos que no pasa nada si una puerta se nos cierra, ¡pero tampoco tienes por qué pasarla mal innecesariamente! Si sabes cobrar por tu trabajo, te aseguro que te evitarás muchos problemas a la larga.

Una neni debe tener sus cuentas en orden

Hablando de dinero... algo de lo que solemos pecar cuando iniciamos un proyecto empresarial es de optimismo; exagerar las ganancias y menospreciamos los gastos. La parte financiera es la menos atractiva para los emprendedores. Nos gusta el contacto cercano con los clientes al vender nuestros productos o servicios, y el trabajo más solitario de sentarte frente a un Excel a ver cuánto ganaste y cuánto gastaste puede parecernos aburrida o hasta intimidante. Sin embargo, las cuentas son un camino por el que hay que transitar, y cuanto más orden tengas desde el principio, será mucho mejor.

¡Podemos compartirte muchas anécdotas de cómo nosotras nos equivocamos al hacer nuestras cuentas! Por ejemplo, cuando yo, Atziry, vendía postres y pasteles, incluí en el precio el costo de la materia prima y de mi trabajo, pero olvidé contar cuánto me estaba costando el gas que usaba el horno o la gasolina que gastaba al ir a entregar los pedidos.

Recuerdo particularmente una vez que llegué a casa de mi mamá, después de haber vendido una mesa de postres para el Día del Maestro en una escuela, y escuchar que me dijera: "mijita, usaste mil pesos de gas". ¡Me quise morir por no haber incluido ese costo en la cotización que le di a la escuela!

"Regina, fíjate que el gas se me está acabando muy rápido". Esto fue lo que me dijo mi mamá un día, después de haber surtido un pedido grande de pays. Neni, si te estás riendo de mí en este momento, ¡te entiendo! ¿Cómo puede ser que tanto Atziry como yo, sin conocernos, hubiéramos cometido exactamente el mismo error? Debe de ser porque es un error bastante común, ¿no?

Nosotras, como buenas principiantes, cometimos muchos errores calculando los precios de nuestros productos y nuestro presupuesto. Para que no te pase a ti, Neni, queremos darte los siguientes consejos:

- Lo primero que nos hubiera encantado saber es "pórtate como una gran empresaria y actúa de la manera en que lo haría la CEO de una gran corporación. Si tratas tu negocio con real importancia, las personas siempre te van a tomar en serio".

- ¡Cuidado con tus familiares y amigos! Normalmente ellos son los clientes más exigentes y son los primeros en pedir o esperar descuentos, planes de pagos o incluso regalar tu trabajo. En mi caso, Atziry, me preguntaban que, si ellos me traían los materiales, cuánto les cobraba. ¡Ja, ja, imagínate Neni! Si realmente te van a ayudar a emprender, ellos entenderán que lo tuyo es un NEGOCIO.

- Ten un cuaderno en donde registres TODOS los gastos de tu negocio y separa tus finanzas personales de las de tu negocio. Es facilísimo que llegue dinero de tu negocio y después gastarlo inmediatamente, sin primero pensar en separar un poco para el ahorro y la reinversión.

- Aprende a ahorrar. Lo ideal es que ahorres mínimo el 10% de tus ganancias netas. Y recuerda, primero ahorras y después ves si te sobró algo para gastar en algo que te guste. Si empiezas a ganar más dinero y en ese momento gastas más, nunca vas a poder capitalizarte. Según Robert Kiyosaki, si no tienes 3 veces el valor de algo que deseas comprar, entonces no tienes para comprarlo.

- Por ejemplo, si quieres una bolsa de marca, lo más recomendable es que la compres cuando en tu cuenta de banco haya una cantidad que te permita comprarla, y te quede al menos dos veces más de lo que cuesta esa bolsa.

- Esas serían finanzas saludables, poder darte un gusto sabiendo que no le quitas dinero a tu negocio. ¡Ponte las pilas, Neni!

- Costea bien tus gastos para poder determinar el valor de tu producto. Si haces pasteles, por ejemplo, tienes que tomar en cuenta el costo de la harina, los huevos, el gas, la gasolina que gastas cuando vas a entregar, el precio de tus horas de trabajo y las mermas. Una vez que sepas cuánto es el mínimo que debes cobrar, checa a tu competencia y ve cuánto están cobrando ellos. Así puedes dar el ajuste final a tus precios. Eso sí, ¡nunca bajes la calidad de lo que haces por querer ganar más!

- Establece el valor de tu hora de trabajo. En un curso que tomamos con Eric Worre, aprendimos que nuestro recurso más valioso, pero el más subestimado, es el tiempo. Por eso, nos enseñó a establecer el precio de nuestra hora de trabajo, dividiendo la cantidad mensual que quieres ganar entre las horas de trabajo que haces al mes.

- Supongamos que quieres ganar 15,000 pesos al mes, y trabajas 112 horas al mes (4 horas diarias, 7 días de la semana). Tienes que dividir 1,500 entre 112, lo que te da un total de 134. ¡Este es el valor de tu hora de trabajo!

Una Neni a veces no vende productos, vende sus servicios

Todos tenemos una imagen mental de la neni en donde la vemos compartiendo fotos de sus productos en redes sociales y entregándolos a domicilio o en puntos medios. La vemos llegar cargando varias bolsas o cajas, y a pesar de que están pesadas, camina con una seguridad envidiable sobre sus tacones. Finalmente nos ve, nos saluda y con una gran sonrisa nos dice "¡Nena, te entrego tu crema/bolsa/chamarra! ¡Que la disfrutes!"

Hace algunos años, las nenis que vendían productos eran la mayoría. Sin embargo, con la llegada de los trabajos que se pueden realizar por internet, cada vez más han surgido nenis que no ofrecen productos, sino servicios.

Nosotras le llamamos la *"neni freelancer"*.

¿Cómo se ve la *neni freelancer*? En mi caso, Regina, trabajé alrededor de un año realizando traducciones desde mi casa.

Cada semana recibía por correo electrónico una serie de capítulos de caricaturas infantiles en inglés que yo tenía que traducir y subtitular al español. El lunes, enviaba de regreso los capítulos traducidos y recibía mi pago de acuerdo al número de capítulos que hubiera logrado traducir en el mes. En ese momento yo no lo sabía, pero estaba trabajando como *neni freelancer.*

Ser *freelancer* -o trabajador independiente- es ofrecer servicios como redacción, traducción, consultoría o marketing digital por internet. Aunque de inicio esta modalidad de trabajo podría parecer muy diferente a lo que hace una neni que entrega productos de belleza en el metro, en realidad la neni tradicional y la *neni freelancer* tienen muchas similitudes. Ambas trabajan utilizando sus propios recursos. La neni tradicional usa el horno de su casa para hornear los pasteles y luego utiliza su propio coche para hacer las entregas. La *neni freelancer* utiliza su computadora personal, así como el internet doméstico, para hacer sus actividades. Ninguna de las dos, cuenta con un contrato o beneficios como seguro médico o ahorro para el retiro. Al mismo tiempo, las dos cuentan con la ventaja de poder trabajar desde casa y dedicarles más tiempo a sus hijos.

Esta modalidad de trabajo creció muchísimo desde que la tecnología nos permitió digitalizar el trabajo y usar el internet como herramienta laboral. De hecho, a partir de la pandemia de COVID- 19 el número de *freelancers* en América Latina subió un 42%, mientras que en México la cantidad de trabajadores que ofrecen este tipo de servicios subió un 77%. Debido a que el número de trabajadores independientes está creciendo rápidamente, nos pareció relevante incluir este tema en el libro.

¡Cada vez habrá más nenis freelancers!

Es importante que quienes estén en esta modalidad laboral sean muy conscientes del cuadrante en donde se encuentran y qué es lo que esto implica.

A la mayoría de *freelancers* les gusta hacer la actividad que ofrecen. A mí me encantaba hacer traducciones. Recuerdo específicamente una caricatura de un maestro zen que les enseñaba Bushido a sus pequeños aprendices, y en cada capítulo había un mensaje filosófico. ¡Ese era mi mero mole! Como puedes darte cuenta, siempre me ha gustado la filosofía y todo tipo de enseñanzas de desarrollo personal. Ya te imaginarás lo encantada que estaba de poder trabajar mientras aprendía más de la filosofía Zen. Sin embargo, muchas veces por el gusto con el que hacemos el trabajo, combinado con una necesidad económica, terminamos enfrentándonos a condiciones laborales poco deseables.

Aunque me gustaran mucho las caricaturas que tenía que traducir, los horarios en los que tenía que trabajar para llegar a mis metas empezaron a ser agotadores. Cuando Ramón, mi esposo, llegaba a la casa, me encontraba haciendo traducciones, y cuando se iba al día siguiente, yo ya estaba despierta haciendo traducciones. Los sábados salíamos a comer o a ver a nuestras familias, y a pesar de que era mi día libre, siempre sentía la presión de tener que trabajar al día siguiente y ponerme al corriente de lo que no había trabajado el sábado. El domingo, en lugar de descansar, me pasaba todo el día pegada a la computadora porque al día siguiente tenía que entregar los capítulos. Por si fuera poco, después de unos meses en el trabajo, nos cambiaron las caricaturas por telenovelas turcas. Yo no hablaba turco, así que mi trabajo se hizo mucho más lento, y mi único día libre, el sábado, ¡tuve que usarlo para tomar clases de turco!

Seguro estarás pensando, "¡Regina, estás loca! ¿Cómo le hiciste para traducir novelas en turco?" La verdad es que esto, en lugar de desmotivarme, me emocionó, porque lo vi como una oportunidad para aprender un nuevo idioma. Una de mis características principales es que soy muy entrona. Cuando llega una oportunidad a mi vida, a veces ni siquiera sé cómo le voy a hacer, pero le entro. De hecho, esto fue una de las cosas que cimentó la amistad entre Atziry y yo. ¡Las dos somos muy aventadas! Esto nos ha permitido llegar a lugares a los que tal vez otra gente no llegaría. Neni, si tú eres así, si no le temes a ningún reto, aprovecha esta característica. Solo ten muy presente que, aunque estás llena de energía, también tienes tus límites. Lánzate a la aventura, pero conserva tu sentido común. ¡No vaya a ser que te quemes antes de llegar a la meta!

Más allá del autoempleo

¡Cuántas cosas aprendimos siendo nenis! Una mujer que tiene su propio negocio u ofrece de manera independiente sus servicios, se vuelve una maestra en administración de recursos, sabe organizar su tiempo y tiene una fuerza de voluntad admirable. Además, ya que ella misma realiza todas las funciones dentro de su negocio, desde la manufactura hasta la entrega del producto o servicio, aprende todo lo que implica hacer funcionar una empresa.

Claro, una neni también se enfrenta al agotamiento y la incertidumbre que implica el autoempleo. Por esto, llegó un momento en que las dos nos pusimos a pensar "tenemos que hacer algo más, porque esto no es suficiente". ¿Cómo nos dimos cuenta que necesitábamos llevar nuestros pequeños negocios al siguiente nivel?

En mi caso, Atziry, era mamá de dos niños maravillosos y me encantaba ver a mis clientes felices con los con los productos que les vendía, así como son los pasteles y mesas de postres que hacía... pero estaba atorada en un ciclo de carencias económicas y agotamiento crónico del que parecía no poder salir. A pesar de que había estudiado en la mejor escuela de repostería de Monterrey y cada vez tenía más clientes en mi negocio de postres y pasteles, mis ventas parecían no ser suficientes. Era una neni hecha y derecha, pero estaba ahogada en deudas y exhausta. Mi esposo se había ido a trabajar a Estados Unidos, ¿recuerdas, Neni? También te conté del diagnóstico de mis hijos. Así que ya te imaginarás como estaba... era un torbellino de emociones.

Un día, mientras daba una de mis clases de repostería, recibí una llamada de mi mamá diciéndome que mi hijo se había caído de un árbol y se había roto el brazo. "¡Atziry, tu hijo se rompió el brazo! ¿A dónde lo llevo?" En el fondo podía escuchar a mi hijo llorando, mientras mi mamá me preguntaba una y otra vez "¿a dónde llevo a tu hijo, Atziry?" Yo le respondía "no sé, mamá, ¿qué hago? No tengo seguro médico, no tengo dinero. La verdad no sé qué hacer".

Todavía hoy recuerdo con angustia que lo primero en lo que pensé fue "¿cómo le voy a hacer para pagar el hospital? ¡Ni crédito tengo!". Mi primera preocupación no fue mi hijo, sino los gastos extras que su accidente nos iba a generar. En ese momento yo no contaba con tarjeta de crédito ni tenía ahorros. Dicen que "los bienes sirven para remediar los males", ¡pero tampoco tenía ningún bien que pudiera vender! Sentía que estaba en un callejón sin salida.

Finalmente, mi mamá decidió llevar a mi hijo al Seguro Popular, en donde lo atendieron de maravilla. Una vez que las cosas se calmaron, pude sentarme a reflexionar y pensé "no puede ser que me preocupé más por la cuenta que por el niño". En ese momento juré que jamás, jamás iba a volver a pasar por esa situación. Junté todas las fuerzas que encontré en mi interior y me dije a mí misma "Esto no puede seguir así. He trabajado muy duro para hacer mi propio negocio, pero hay algo que sigue faltando".

Por otro lado, yo, Regina, había estado siendo *neni freelancer,* haciendo traducciones, durante todo mi embarazo. Tuve un embarazo hermoso en donde nunca me sentí mal, ni débil, ni con apetitos raros y llegado el día del parto –que fue en la Ciudad de México- hubo algunas complicaciones menores con la anestesia, pero después de cuatro días ya me sentía muy bien. Me sentía tan bien que mientras algunas mamás iban al cunero a dar pecho en la bata de hospital y con suero, yo ya estaba en *jeans*, peinada y maquillada. Al verlas pensaba "¿por qué se sentirán tan mal? ¡Yo me siento mejor que nunca!" El viernes de aquella semana nos regresamos a Cuernavaca y yo era la más feliz. ¡Tenía a mis bebés que tanto había deseado! Tuve un niño y una niña, y los dos me parecían perfectos y hermosos. Al llegar a la casa, me vi en el espejo y pensé "estoy perfecta, parece que nada pasó".

Neni, si tú eres mamá, sabes que un hijo nunca te deja intacta. No digo esto en el mal sentido, sino que me refiero a que no es realista decir "parece que nada pasó" después de tener dos bebés. Tú ya lo sabes, pero en ese momento yo estaba aún por descubrirlo.

Esa noche, durante la madrugada, me empezó a sangrar la herida de la cesárea. Mi esposo me vendó como le había indicado el doctor, pero esa mañana al despertar vimos que todas las sábanas de la cama estaban llenas de sangre.

Tuve que separarme de mis dos recién nacidos e ingresar de urgencia al hospital, en donde estuve siete días recibiendo tratamientos intensivos.

Al regresar a casa, me quedé en cama durante tres meses. Durante esos días, miles de pensamientos y sentimientos se cruzaban por mi cabeza. Estaba triste por no haber estado presente durante la primera semana de vida de mis hijos.

Además, por todos los antibióticos que me habían dado, mi leche estaba contaminada, así que no pude cumplir mi sueño de darle pecho a mis bebés. ¡Me había pasado todo el embarazo leyendo libros acerca de la lactancia, y resultó que no iba a poder hacerlo!

Sin darme cuenta, fui cayendo en una depresión post parto. Me sentía sin ilusiones y sin ganas de llevar a cabo mi vida y actividades. Estaba muy débil, no podía descansar bien, me dormía en la madrugada y me despertaba al mediodía.

Siempre estuve agradecida por el regalo que representaban mis hijos, y me preocupaba no poder estar presente de la mejor manera para ellos.

Obviamente, por mi cabeza rondaba todo el tiempo la idea de dejar atrás mi trabajo como *freelance* haciendo traducciones.

Quería estar más presente con mis hijos, pero no podía quedarme sin ese ingreso. Siempre conté con el apoyo de mi esposo, Ramón, que siempre atendió los gastos de la casa y se esforzaba por darnos lo mejor. Pero Neni, tú y yo sabemos que cuando estás acostumbrada a generar tus propios ingresos, "estirar la mano" cuesta mucho trabajo. Además, en el presupuesto de los hombres, los desayunos con las amigas, las idas al salón de belleza, las compritas, no están considerados como una prioridad. Esas cosas no son tan importantes para ellos, como sí lo son para ti y para mí, Neni. Ya te imaginarás cómo me sentía: DEVASTADA.

Deseaba poder tener mi independencia económica, así como aportar mes a mes al ingreso familiar. Al mismo tiempo, sabía que algo tenía que cambiar, porque no podía trabajar como lo había hecho antes. Aunque llegué a sentirme preocupada, en realidad no tenía por qué hacerlo, ya que una gran oportunidad iba a llegar a mi vida muy pronto.

Iniciamos una nueva etapa

Ser nuestras propias jefas no nos llevó a la seguridad financiera, libertad de tiempo y estilo de vida que soñábamos. Claro, ser emprendedoras fue un paso importante, pero no era nuestro destino final.

Aunque disfrutamos plenamente la etapa en donde vendíamos como nenis todo tipo de productos y servicios, aportando un "ingreso secundario" a nuestros hogares, nos dimos cuenta que habíamos entrado a otra etapa. Ambas pasamos de ser recién casadas a mamás de dos hijos en pocos años, y esto nos hizo asumir ciertas obligaciones que antes no teníamos y ser nenis tenía las siguientes limitaciones:

- Ganancias relativamente bajas
- Largas horas de trabajo
- No tener la posibilidad de tomar descansos o vacaciones: si ese día no vendes, ese día no ganas

Sabíamos que algo tenía que cambiar. Nuestro corazón deseaba ardientemente algo mejor. Seguramente tú, Neni, también sientes ese deseo en tu interior. Si tienes hijos, seguramente conoces las desventajas de tener que ir a entregar tus productos en puntos medios, trasladándote por toda la ciudad. O sabes que, aunque estés con ellos en casa, tienes que estar realmente presente, no trabajando dentro de una computadora.

Estamos seguras que tú, como nosotras, siempre buscas algo mejor.

Tal vez no seas mamá todavía, o no te interese serlo. A lo mejor tú buscas viajar y tener más libertad. Sabemos que muchas mujeres hoy en día no se limitan por los roles tradicionalmente impuestos a las mujeres. La verdad es que, aunque las dos somos mamás, esposas y nos ocupamos de muchas cosas en la casa, admiramos muchísimo a las mujeres que deciden tomar otros caminos. Sea cual sea tu proyecto de vida, en lo que todas estamos de acuerdo es que llega un punto en que se quiere tener mayor solvencia económica y se necesita certeza en cuanto a los ingresos.

En los siguientes capítulos iremos contando cómo le hicimos para desarrollar un negocio propio, pero sin las desventajas que habíamos vivido anteriormente como nenis.

Capítulo 5

Contar con un sistema de trabajo

Lo que diferencia a una neni que obtiene ingresos modestos y a una *neni-empresaria* sumamente exitosa, no es la cantidad de trabajo que hace ni el talento que tiene. Sabemos que todas las mamás, amas de casa y nenis tienen una voluntad inquebrantable para el trabajo y una gran capacidad para dirigir y administrar sus hogares y pequeños negocios.

La única diferencia entre tener un ingreso mediano y uno muy grande es el método con el que hacemos nuestro trabajo.

Contar con un sistema que te ayude a ordenar y dirigir de manera eficiente tus esfuerzos hará toda la diferencia.

¿Cuál es la diferencia entre vender hamburguesas y ser McDonald's?

¿Alguna vez has comido una hamburguesa de *McDonalds*? Lo más probable es que sí. Esta cadena cuenta con 33 mil establecimientos, distribuidos en 119 países alrededor del mundo. ¡Es la cadena de restaurantes más exitosa a nivel mundial! Por eso, tú, nosotras y probablemente la mayoría de las personas hemos comido alguna vez una Big Mac.

Pero, ¿sabías que el negocio de Mc Donalds no es vender hamburguesas? Así es, el verdadero negocio de esta empresa no es la comida, si no el sistema que permite:

- Entregarle al cliente sus alimentos en minutos.
- Que todas sus sucursales alrededor del mundo sean exactamente iguales.
- Que el sabor de sus alimentos sean el mismo, aún en distintos países.
- Además de vender hamburguesas, *McDonald's* es una empresa inmobiliaria que es dueña de todos sus establecimientos.

Cualquier persona puede vender hamburguesas, pero no cualquiera lo hace de la misma forma que *McDonald's*. En 1948, los hermanos Mac y Dick desarrollaron el *Sistema Speedy*, inspirado en la producción en cadena de las primeras fábricas de automóviles en donde se buscaba la mayor rapidez y eficiencia posible. Una década después, el empresario Ray Kroc, viendo el enorme potencial del Sistema Speedy, decide invertir en locales y abrir franquicias. El resto de la historia ya la conoces.

McDonald's se convirtió en el restaurante número uno de venta de hamburguesas. Hoy en día, sigue ostentando el mismo puesto y éxito que tenía hace 60 años.

La lección importante que podemos aprender de *McDonald's* es que tener un buen producto te hará tener éxito en tu pequeño negocio. Contar con un sistema inmejorable para distribuir, vender y promocionar tus productos te hará ser millonaria.

¿Cómo puedes encontrar un sistema que ayude a tu negocio?

Como te contamos en el capítulo anterior, tener nuestros pequeños negocios y trabajar como autoempleadas fue una etapa que nos trajo muchas cosas buenas, pero en algún momento dejó de ser suficiente. Como mamás y esposas, necesitábamos mayores ingresos y más disponibilidad de tiempo para poder dedicarle a nuestra familia y a nosotras mismas.

Afortunadamente, justo en medio de nuestros momentos más difíciles, nos llegó una nueva oportunidad, pero antes de contarte acerca de ella, queremos que recuerdes los cuatro cuadrantes de los que hablamos al inicio del libro.

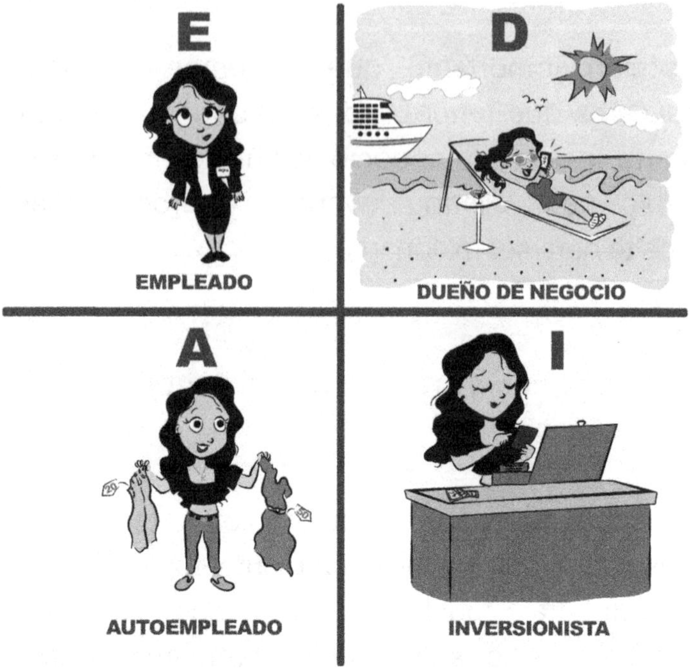

En este punto de la historia, nosotras ya habíamos pasado por los cuadrantes de empleadas y autoempleadas. ¿Cuál es el cuadrante que sigue? El siguiente paso hacia nuestra libertad financiera era poder volvernos Dueñas de un Sistema.

Ser dueña de un sistema es distinto a tener tu propio negocio. En un pequeño negocio propio, una es quien tiene que realizar la mayoría de las funciones, desde vender, publicitar tus productos, ir a surtir cada cierto tiempo, hacer las entregas, hasta hacer las cuentas, llevar inventarios... Como micro emprendedora, sabes que tienes que trabajar muchísimo. Las vacaciones están casi prohibidas para ti. ¿Qué pasaría, Neni, si te tomas un mes libre y no vendes nada durante ese tiempo? ¿Cómo afectaría eso tu economía? Lo más probable es que no puedas permitirte no vender por tanto tiempo.

En cambio, cuando eres dueña de un sistema, tienes que esforzarte en poner en marcha todos los engranajes, pero una vez que el sistema está andando, puedes darte la libertad de tomar unas vacaciones o simplemente trabajar menos horas o días a la semana.

Para que entiendas mejor a qué nos referimos cuando hablamos de ser dueñas de un sistema, piensa en lo que es una franquicia, la cual consiste básicamente en comprar tu derecho a utilizar un sistema de negocios. Una de las franquicias más famosas en México es la de Farmacias Similares, que cuenta con más de 6 mil establecimientos.

Quienes compran una franquicia de Farmacias Similares usualmente lo hacen porque buscan tener un negocio propio, y entienden la ventaja de no tener que encargarse ellos mismos de todos los aspectos de un negocio. Los franquiciatarios no tienen que encargarse de darle publicidad a su negocio, ni estudiar las tendencias del mercado para saber qué nuevos productos vender; no necesitan diseñar la magen corporativa de su negocio ni tampoco tienen que preocuparse por las cadenas de distribución de sus productos. Todos estos aspectos son manejados por las personas que diseñan el sistema de estas farmacias, y lo único que los franquicitarios tienen que hacer es seguir instrucciones y enfocar sus energías en el desarrollo de su personal.

Una franquicia tiene muchas más probabilidades de tener éxito que un pequeño negocio propio, ya que la franquicia cuenta con un sistema que ha sido probado para garantizar el éxito.

Suena bien, ¿no? La única desventaja de las franquicias es que comprar tu acceso a ese sistema puede ser muy caro. Por ejemplo, para comprar una franquicia de Farmacias Similares se necesitan alrededor de 1.5 millones de pesos, y si quisieras abrir una franquicia de Pizza Hut necesitarías aproximadamente 3 millones de pesos.

Sabemos que son pocas las personas que tienen este dinero para invertir.

Definitivamente, nosotras no teníamos tal cantidad. Sin embargo, encontramos una opción mucho más viable que nos permitió convertirnos en dueñas de un sistema.

Capítulo 6
Preparádonos para algo nuevo

"Atziry, acompáñame a mi curso. ¡Vas a ver cómo sí te va a gustar!" Después de la fractura de brazo de mi hijo, que para mí marcó el momento más crítico de mi vida como neni, mi mamá me invitaba todos los miércoles a ir con ella a un curso de Ciencia de la Mente que tomaba junto a un grupo de amigas. El curso estaba dirigido por una psicóloga, Maritza.

Aunque hoy Maritza es uno de los pilares de mi vida, y me ayuda todos los días a mantener mis emociones y mi salud en equilibrio, en ese entonces no lo veía así.

Como mi mamá me insistía mucho, finalmente un día me decidí y fui al curso.

Eso sí, ¡iba de muy mal humor! Yo pensaba que lo que necesitaba era trabajar más y ganar dinero, no que me "lavaran la cabeza" con ideas de abundancia y de atraer lo bueno a mi vida. Estaba enojada con la vida.

Constantemente pensaba "a lo mejor en un universo paralelo me irá bien, pero aquí soy un fracaso."

Maritza, que yo siempre he dicho que es también un poco bruja por la manera en que puede leer a las personas, identificó este sentimiento de rabia en mí y me dijo con mucha seguridad: "así como estás no vas a llegar a ninguna parte." Poco a poco ella me fue ayudando a reconocer mis emociones y lo que me tenía frustrada. Me enseñó que el bienestar emocional siempre va de la mano con el bienestar en otros aspectos, como el económico o el familiar. También que podemos usar emociones "negativas", como el enojo, a nuestro favor.

Cuando estás muy enojada, ¿has sentido mucho calor que se acumula dentro de ti? Algunas personas comparan el enojo con una olla exprés. Si no sabes manejarlo correctamente, puede explotar y causar mucho daño. Pero si tienes a tu lado a un profesional que te ayude, puedes usar toda la energía que está acumulada dentro de la olla exprés para motivarte a tomar acción y construir algo positivo para ti misma.

Como yo no tenía dinero en ese momento para pagar los cursos, Maritza me permitió pagarle con pasteles. Un día, al darle el pay de queso que le había cocinado, me vio a los ojos y me dijo: "Te va a llegar una oportunidad. Cuando la veas, no dudes y dile que sí".

Mientras Atziry se preguntaba "¿qué otras posibilidades de vida habrá para mi?" yo, Regina, me preguntaba lo mismo. "¿Cómo le puedo hacer para sentirme mejor? Esto no puede seguir así porque no estoy presente para mi esposo, para mis hijos y ni siquiera para mí misma." Para ese momento de mi vida, ya había leído muchos libros y escuchado varios *podcasts* que me inspiraron y me enseñaron a tener una mentalidad positiva y abierta a la vida. Sin embargo, una cosa eran los libros y otra cosa muy diferente mi vida real. ¡En la vida real no parecía poder salir de donde estaba!

Afortunadamente siempre conté con el apoyo de mi esposo y el amor de mis hijos que, aún sin poder hablar, me animaban a ser paciente y a tener la esperanza de que pronto las respuestas iban a visualizarse.

Para mi sorpresa, la respuesta a mis preguntas llegó muy pronto, a través de un canal que yo no me esperaba... ¡una amiga de la prepa que publicó unas fotos en Facebook!

Llega la oportunidad

Curiosamente, aunque nuestras vidas estaban separadas en ese momento, la oportunidad nos llegó a las dos casi al mismo tiempo, en el año 2015.

> ¡¿Qué te hiciste amiga?! Te ves ES-PEC -TA-CU-LAR.
> ¡Hola, Regina! Cuánto tiempo sin hablar... Estoy tomando un tratamiento de regeneración con adaptógenos.
> ¿Qué es eso? ¡Cuéntame!

Esta conversación fue el inicio de la oportunidad que cambiaría mi vida. Esta amiga de la prepa, a la que no había visto desde hace muchos años, publicó unas fotos de ella de misma de "antes" y "después". En la foto de "antes" se veía un poco pasada de peso y, en general, apagada, sin vida. Su piel no brillaba y el cabello se le veía seco. La foto de "después" mostraba un cambio increíble, tanto, que me animé a preguntarle acerca del tratamiento que estaba siguiendo.

Mi amiga me contó que era un plan de regeneración total del cuerpo, que consistía en tomar suplementos de adaptógenos, sustancias naturales que ayudan al cuerpo a recobrar su equilibrio natural. Por decirlo de otra manera, los adaptógenos son las "reinas" de las hierbas medicinales, y promueven la vitalidad, inmunidad, resistencia y la longevidad.

Después de escuchar a mi amiga, aún tenía mis dudas. Yo cuido mucho mi salud y los productos que tomo, pero comiendo saludable como lo hacía antes de mi embarazo no estaba pudiendo recuperar mi peso ideal. Por eso, finalmente decidí probar los adaptógenos y para mi sorpresa, en pocos días experimenté cambios increíbles en mi ánimo y en mi cuerpo. Ahí fue cuando muchas personas me empezaron a preguntar qué es lo que había hecho, porque vieron lo bien que me estaba sintiendo. Así como mi amiga había compartido conmigo el plan que ella estaba siguiendo, yo les platiqué lo mismo a mis amigos, y varios de ellos, siguiendo mis recomendaciones compraron el plan.

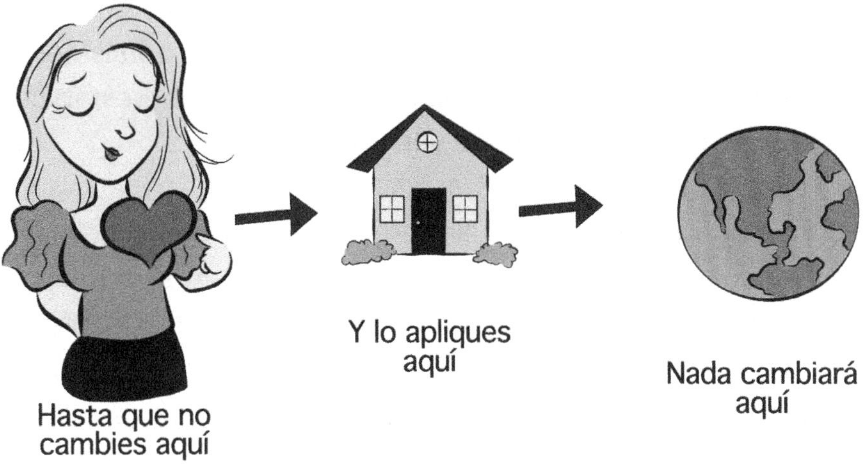

Cierto día vi que en mi cuenta bancaria había un depósito de $7,500 pesos de parte de la empresa de los productos que yo había probado. Inmediatamente le hablé a mi amiga para decirle que había ocurrido un error y que había recibido un dinero que no me correspondía. Sin embargo, ella muy tranquila me respondió que no había ningún error, ese dinero era mío. Viendo mi sorpresa, me explicó que cada una de esas personas que había comprado por recomendación mía había generado una comisión para mí.

¡Después de todo, la empresa había vendido algo gracias a mi ayuda! Este fue mi primer acercamiento a algo que hasta ese momento yo no conocía: el *network marketing.*

¡Mi caso fue muy parecido al de Regina! Un día un amigo al que conocí hace 19 años en un viaje a Las Vegas, Adrián, me envió un *WhatsApp* diciéndome que yo podía encajar perfecto en su nuevo negocio y que los productos me iban a encantar. Como yo no tenía dinero en ese momento, no le hice mucho caso a su mensaje, pero él, tan persistente como es, me metió a un grupo de personas que estaban utilizando los productos que vendía su compañía.

En el grupo todos se veían felices, y se notaba por las fotos que mandaban que estaban experimentando cambios físicos y de ánimo que yo nunca había visto antes. Después de ocho meses le dije a mi amigo: "cuéntame más acerca de esos productos maravillosos que vendes. No sé qué sean, pero yo los quiero".

Entonces mi amigo me dijo: "Atziry, te veo muy cansada. Te voy a regalar una muestra de este té que te va a caer súper bien". Esa noche me tomé el té antes de ir a la cama ¡y dormí como bebé! No te estoy mintiendo Neni, cuando te digo que yo no creía que fuera posible descansar así.

Probé algunos otros de los productos y empecé a experimentar cambios impresionantes. Yo quería compartir esa maravilla, así que le pedí prestado dinero a mi mamá y compré mi primer sistema. Toño, mi esposo, me dijo "no sé cómo lo pagaremos, pero si tú crees en esto, yo te apoyo". Hoy, agradezco muchísimo aquellos gestos de confianza, de parte de mi mamá y de mi esposo, ya que esos productos cambiaron mi vida y la de muchos más a mi alrededor.

La verdad es que llegué a un punto donde estaba cansada de sentirme cansada, y cuando probé los productos inmediatamente vi cambios muy positivos, no solo en el sueño, sino también en mi piel y en mi estado de ánimo. Los años previos habían sido increíblemente estresantes y difíciles para mí, y por fin, en mucho tiempo, me sentí como si fuera yo misma otra vez. Lo primero que pensé después de probar los productos fue: "Qué maravilla, qué bien me siento". Lo segundo que pensé fue: "Esto tiene que conocerlo otra gente.

Quiero que mi familia y mis amigos se sientan igual de bien que yo".

Una de las primeras cosas que hice luego de experimentar los poderosos efectos del té, fue empezar a recomendarle a mi familia los tés y aceites relajantes que manejaba la empresa en donde trabajaba mi amigo. No lo hice por ganar dinero, mi única motivación era que la gente a mi alrededor se sintiera igual de bien que yo. Además, varias personas empezaron a notar cambios en mí y me preguntaban acerca de ellos. Un día, vi que en mi cuenta bancaria habían aparecido $25 dólares. ¡Me caían perfecto para pagar la gasolina de esa semana! Después de ir a ponerle gasolina a mi coche le hablé a mi amigo para preguntarle acerca del depósito, y él me explicó lo mismo que le había explicado a Regina su amiga: la empresa me había pagado por recomendar sus productos.

En ese momento recordé lo que me había dicho mi psicóloga: "mantén los ojos abiertos, te va a llegar una oportunidad". Decidí decirle que sí a la oportunidad que mi amigo estaba ofreciéndome. Esa misma tarde me inscribí como asociada. En ese momento, lo que hice fue un paso de fe. Hoy sé que es de las mejores decisiones que he tomado en mi vida.

Capítulo 7
Qué es el Network Marketing

Ya lo dijimos en el capítulo anterior, pero por si no te había quedado claro, lo volvemos a repetir: la oportunidad que nos llegó fue el *Network Marketing*. Tal vez te estarás preguntando "¡¿El *Network* qué?!"

El *Network Marketing* -o mercadeo de redes- es una manera en que las personas pueden adquirir una parte del sistema existente y comenzar a crear inmediatamente su negocio. Al igual que en una franquicia, el procesamiento de pedidos, la distribución, la contabilidad y el seguimiento son manejados casi por completo por sistemas de la empresa. Los nuevos distribuidores pueden enfocar todos sus esfuerzos en crear excelentes relaciones con sus clientes y su equipo de trabajo, en vez de preocuparse por las molestias normales de comenzar un negocio pequeño.

A diferencia de las franquicias, entrar a formar parte de una empresa de *Network Marketing* requiere una inversión de entre 3 mil y 5 mil pesos. ¡Es muchísimo más accesible!

Tenemos que serte honestas. La primera vez que escuchamos el concepto *network marketing* lo relacionamos con cosas que no nos daban mucha confianza, como los esquemas piramidales o los telares de la abundancia. En efecto, existe mucho desconocimiento acerca de lo que es y no es el *network marketing*. Por eso, vamos a contarte un poco acerca de esta profesión: su historia, su evolución, lo que sí es y lo que no es.

Qué es el Network Marketing

El autor Charles King, graduado de Harvard y profesor de marketing de la Universidad de Illinois, define el *network marketing* como:

> "Una industria de bajo costo que te invita a desarrollar tu propio negocio y obtener un ingreso potencialmente elevado, trabajando desde tu hogar, en tu propio horario. Puedes obtener ingresos inmediatos, vendiendo productos y servicios directamente a los consumidores; así como un ingreso residual, convenciendo a otras personas de unirse a tu equipo y desarrollar su propio negocio".

El *network marketing* es un modelo de empresa en donde se venden productos, con la particularidad de que quien vende son los mismos consumidores. Vamos a explicártelo paso a paso para que quede claro:

En primer lugar, tenemos a una empresa que ofrece un producto. Este puede ser cosméticos, zapatos, ropa, decoración para el hogar, artículos de limpieza, una línea de cuidado personal, suplementos nutricionales... ¡los productos a ofrecer son infinitos! En segundo lugar, estos productos tienen que ser de excelente calidad y enamorar a los clientes. Una vez que los clientes están convencidos de lo buenos que son los productos, la empresa les paga dinero a ellos, en lugar de pagarle a una tienda, para distribuirlos.

Suena bien, ¿no? Neni, tú tienes la suerte de estar leyendo esto, así que ya vas entendiendo lo que es el *network marketing*, ¡y eso que apenas vas a la mitad del libro! Cuando nosotras iniciamos no sabíamos nada acerca de este modelo de negocios. No estábamos enteradas de las ventajas que representa dicho sistema, ni de las comisiones que se podían ganar, y mucho menos pensábamos que este negocio nos iba a hacer millonarias. ¿Por qué decidimos entrar?

Por una razón muy simple: porque este negocio resolvía necesidades que teníamos en ese momento. En nuestros primeros meses en la empresa de *network marketing*, nos maravillábamos continuamente de la calidad de los productos que ofrecía la empresa, así como de las comisiones que llegaban a nuestra cuenta bancaria cada vez que alguien compraba algo por recomendación nuestra. Sin embargo, conforme fuimos conociendo más y más acerca de este modelo de negocios, no solo nos enamoramos de los productos y las comisiones, sino que vimos que con el *network marketing* nuestras posibilidades de tener éxito eran mucho mayores que en cualquier otro negocio que hubiéramos conocido antes. ¡Justo esto es algo de lo que queremos platicar contigo en este libro! Pero antes de explicarte todas las ventajas que tiene el sistema del *network marketing*, vamos a ver cómo surgió esta forma de hacer negocios.

¿Cómo surgió el network marketing?

Estamos convencidas que el *network marketing* es uno de los modelos de negocio más inteligentes que se han inventado. Es un sistema bien organizado de trabajo, al cual puede acceder por un precio muy accesible, y que te permite generar buenas ganancias, conservando tu libertad.

Tal vez te preguntes: "¿quién fue el genio que creó esta forma de hacer negocios?" La respuesta es: "no hay un único creador del *network marketing*... ¡y eso es una buena noticia!" Estamos convencidas de que el *network marketing* es un sistema muy funcional, gracias a que fueron muchas mentes quienes lo crearon. De hecho, el *network marketing* no se creó de la noche a la mañana. Más bien, fue un modelo de negocios que se fue perfeccionando a lo largo de 200 años, hasta llegar a ser lo que es hoy en día.

El antecedente o el "abuelito" del *network marketing* es la venta directa. La venta directa es la oferta de un producto o servicio de forma personalizada, cara a cara. La venta directa puede hacerse durante reuniones en casa, en eventos, en convenciones o cualquier otro lugar que no sea una tienda o local comercial.

La socióloga estadounidense Nicole Biggart, quien se especializa en historia del comercio, encontró que la venta directa ¡es un oficio con casi 200 años de antigüedad! En sus estudios encontró que desde la época colonial había comerciantes que vendían herramientas, té y especies, yendo a ofrecer sus productos de puerta en puerta. Hasta 1850, estos comerciantes jugaron un papel muy importante para hacer llegar distintos productos a las granjas más aisladas.

Con la llegada del ferrocarril, los vendedores de puerta en puerta perdieron momentáneamente su importancia, pues incluso en los lugares más alejados se abrieron tiendas y locales comerciales. Sin embargo, muy pronto los comerciantes de venta directa se percataron de que las tiendas no ofrecían productos especializados. Al mismo tiempo, a algunos fabricantes no les gustaba que su producto fuera "uno entre muchos". Querían una representación más exclusiva que los ayudara a diferenciarse de los competidores. Esto les dio la oportunidad a los antiguos comerciantes de volver a vender cara a cara y de puerta en puerta, ofreciendo productos de un único fabricante.

En 1920, alrededor de doscientas mil personas se dedicaban a la venta directa.

¡Pero la manera en la que trabajaban en ese entonces no es igual a como lo hacemos hoy! Todos los vendedores de una marca o asociados, se comunicaban enviando cartas a las oficinas centrales o publicando comunicados en el periódico local. Básicamente, trabajaban solos, con poco apoyo de sus colegas, sin ningún tipo de capacitación sobre técnicas de venta, y sin supervisión.

Afortunadamente, para 1940 la industria de la venta directa había mejorado mucho sus técnicas de venta. Marcas como *Stanley Home* implementaron los planes de reuniones, en donde el vendedor le pedía a una anfitriona que invitara a un grupo de amigas a su casa. El vendedor demostraba, en un ambiente interactivo y amigable, productos como sartenes, ollas y electrodomésticos para la cocina. Al finalizar la reunión, se invitaba a las asistentes a comprar los productos, mientras que la anfitriona recibía un porcentaje de las ventas.

¿Puedes ver cómo la industria de la venta directa se fue acercando poco a poco a lo que hoy conocemos como *network marketing*? En tan solo 100 años los vendedores pasaron de vender todo tipo de productos de puerta en puerta, a ofrecer solo productos especializados de una marca e implementar técnicas de venta sofisticadas como las reuniones en casa. Sin embargo, el cambio más importante llegó cuando se introdujo el concepto del apalancamiento, esto es, que los vendedores se ayudaban los unos a los otros a lograr sus metas.

¿Cómo funciona esto? Te lo explicamos. Resulta que algunas marcas empezaron a decirle a sus mejores vendedores que invitaran a sus amigos para que ellos también vendieran los productos. Cuando un nuevo prospecto se asociaba como vendedor directo y compraba un *kit* de ventas, el vendedor que había presentado al nuevo miembro recibía un premio de cinco dólares, y durante el primer mes se le otorgaban comisiones sobre las ventas del nuevo asociado. De esta forma, el vendedor tenía un incentivo financiero, no solo para traer a nuevos miembros a la compañía, sino también para capacitarlos al máximo durante sus primeros 30 días. A esta nueva implementación en la técnica de ventas se le llamó apalancamiento, porque un distribuidor servía como herramienta, o palanca, para que otros distribuidores desarrollaran su negocio.

En el modelo tradicional de venta de puerta en puerta, el vendedor recibía una única comisión por cada venta que hacía.

¡El objetivo de todo vendedor era concretar la venta y buscar rápidamente más clientes! Cuando se introdujo la opción de recibir comisiones extras por las ventas de asociados, el enfoque de los vendedores se transformó. Claro, los asociados seguían concentrándose en vender productos. Pero también se volvió importante desarrollar y mantener las relaciones interpersonales con los clientes, más allá de la venta inicial, ya que los clientes más convencidos del producto podían convertirse en excelentes nuevos distribuidores.

¿Te das cuenta, Neni, del significado de este cambio? La introducción del apalancamiento fue lo que marcó el cambio entre la venta directa y el *network marketing*. ¡Hay un mundo de diferencia entre uno y otro! En la venta directa el objetivo principal es vender, ya que así es como los asociados ganan dinero.

Venden un producto, se llevan una comisión. En el *network marketing*, se trata de vender, de invitar a nuevos distribuidores, de capacitarlos y apoyarlos para que sean los mejores vendedores posibles.

Por eso todos los que conocemos bien el *network marketing* decimos que este negocio no se trata tanto de vender, sino de ayudar a otras personas a volverse exitosas.

Para que quede muy claro, te lo volvemos a escribir. El *network marketing* es el negocio de ayudar a otra gente a volverse exitosa.

Si es un sistema tan bueno, ¿por qué hay gente que sigue dudando de él?

El *network marketing* es una de las industrias más incomprendidas, por la desinformación, la falta de conocimiento acerca de lo que verdaderamente es y desafortunadamente, por algunos fraudes que han cometido ciertos comerciantes a los cuales erróneamente se les asocia con nuestro modelo de negocio.

En el 2017, la cadena televisiva HBO transmitió una película que rápidamente alcanzó mucha popularidad: "El mago de las mentiras". La película cuenta la historia real del inversionista de Wall Street, Bernard Madoff, quien en 1960 fundó una firma de inversión en donde se le prometía a los clientes altos retornos de sus inversiones. La premisa era la siguiente: el cliente entregaba cierta cantidad de dinero, Madoff invertía ese dinero en acciones y otros fondos, y después de un tiempo le regresaba al cliente su dinero multiplicado. En realidad, los beneficios que reportaba a sus clientes no salían de operaciones, sino de lo aportado por nuevos clientes. Con los ingresos de los nuevos se pagaban los rendimientos de los antiguos.

En diciembre de 2008, después de casi 50 años de operación, se descubrió que el negocio de Bernard Madoff era una estafa y fue sentenciado a 150 años de cárcel. En una escena memorable de la película, aparece Bernard Madoff sentado en la sala de su casa junto a sus dos hijos y su esposa. El fraude ya había sido descubierto, y su esposa, llorando, le pregunta "¿qué fue lo que hiciste?"

Entonces uno de los hijos responde: "fue un fraude de Esquema Ponzi, mamá".

El Esquema Ponzi se refiere a un fraude que realizó el inmigrante italiano Carlo Ponzi, quien llevó a cabo su plan en Estados Unidos en 1920. Al igual que Madoff, el sistema de Ponzi se basaba en atraer a inversionistas y pagar utilidades a los inversores anteriores con fondos de inversores más recientes. El esquema llevaba a las víctimas a creer que las ganancias provenían de actividades comerciales legítimas (por ejemplo, ventas de productos o inversiones exitosas), y desconocían que otros inversores eran en realidad la fuente de los fondos.

El fraude de Carlo Ponzi obtuvo mucha cobertura de prensa, y fue esta notoriedad la que finalmente llevó a que dicho esquema llevara su nombre. Hoy, encontramos este tipo de estructuras poco confiables con nombres como esquemas piramidales o telares de la abundancia.

En resumen, un esquema fraudulento es aquel en donde las ganancias no provienen de los productos o servicios que venden, sino simplemente del dinero que ingresa con los nuevos miembros que son reclutados.

En el año de 1974, un senador estadounidense llamado Walter Mondale, cansado de que los ciudadanos fueran engañados, lanzó un plan para desmantelar todas las empresas fraudulentas. La Comisión Federal de Comercio de Estados Unidos y agencias estatales en todo el país pusieron bajo observación a casi todas las empresas de *network marketing*.

Aunque al principio muchas empresas honestas de *network marketing* se molestaron, muy pronto entendieron que las acciones del senador Mondale eran realmente algo bueno. Estar bajo la lupa de las autoridades permitió que las organizaciones fraudulentas cayeran, mientras que las empresas honestas pudieron probar legalmente que ofrecían algo bueno a sus asociados y consumidores.

A partir de 1974, se crearon regulaciones respecto a las empresas de *network marketing*, para asegurar que cumplieran todas las normativas legales. De esta manera las empresas u organizaciones fraudulentas fueron sacadas del mercado, mientras que las compañías honestas tienen formas legales de probar su buen funcionamiento.

A pesar de estas nuevas regulaciones, muchas personas siguen teniendo prejuicios contra el *network marketing*. Cuando yo empecé, mi familia tenía mucho miedo de que me dedicara a esto. Me decían: "¡Regina, te van a ver la cara!". De hecho, pocos meses después de haberme hecho asociada, viajé a un evento de la compañía y cuando regresé, mi familia hizo una "intervención". ¡Así es, Neni! Se sentaron todos conmigo en una mesa y me dijeron que tuviera cuidado con la nueva empresa, que estaba demasiado tiempo en el teléfono y que no prestaba atención a mis hijos.

En lugar de pelear, en ese momento se me ocurrió decirles: "Ok, entiendo su preocupación. ¿Qué les parece si hacemos un trato?" Entonces acordamos que, si en tres meses veíamos que yo no estaba generando ganancias, o que la compañía no me pagaba, iba a dejar definitivamente el *network marketing* y me iba a dedicar completamente a mi familia. Claro, después de tres meses, mi economía se había transformado, mi estilo de vida cambió y además ayudaba a más personas a lograr este cambio también. ¡Ya nadie se atrevió a decirme nada!

Neni, si estás convencida de algo, lucha por eso. Si no funciona, no te quedarás con la duda de qué hubiera pasado. Si funciona, te volverás más intuitiva y te darás cuenta que cuando usas tu sentido común, te puede ir mejor de lo que los demás se imaginan. Parte de mi éxito se debió a que escuché lo que decía mi intuición, pero también me tomé el tiempo de estudiar la empresa a la que me estaba uniendo, asegurándome que fuera la mejor opción.

Si estás buscando una empresa de *network marketing* en México, te recomendamos que cheques si está afiliada a la Asociación Mexicana de Ventas Directas. Todas las compañías que pertenecen a esta asociación cumplen con Norma Oficial Mexicana NOM-035-SCFI-2003 sobre Prácticas comerciales y Criterios de información para los sistemas de ventas a domicilio.

Además, puedes checar que la empresa cuente con las siguientes características:

- Tiene que vender productos reales.
- Los precios de los productos deben ser competitivos y no estar sobredimensionados. Es decir, los productos no deben ser excesivamente caros.
- El costo para ingresar a la compañía debe ser accesible.

- Los distribuidores que tienen su red de ventas deben de proporcionar capacitación, supervisión y apoyo a todos los nuevos asociados que ingresen a su equipo.
- Las posibilidades de ganancias que se le ofrecen a los asociados deben estar basadas en un historial de estadísticas de ventas.
- Si una empresa cuenta con las características anteriores, además de estar registrada en la Asociación Mexicana de Ventas Directas, es una compañía legal.

Como segundo paso para elegir una compañía a la cual unirte, te recomendamos que estudies sus planes de compensación. Puede ser que una empresa sea completamente legal, pero que le dificulte mucho a sus asociados obtener sus ganancias. En mi caso, Atziry, estuve brevemente involucrada con una empresa que vendía productos orgánicos. Definitivamente no era una estafa, pero había demasiados "candados" que me impedían cobrar mis comisiones. Por ejemplo, cuando empecé a construir mi red, me di cuenta que era un requisito obligatorio que mis compañeros de equipo tuvieran el mismo rendimiento que yo. Si ellos no subían, ¡yo tampoco podía subir! Esto me mantenía atorada pues mi rango dependía de lo que hacían los otros, no de mi propio trabajo. También me he enterado que en algunas empresas, si alguien a quien tu inscribiste comienza a ganar más que tú, ¡a ti te penalizan! Esto fomenta mucho que los miembros de equipo no se quieran ayudar los unos a los otros.

Gracias a Dios encontré una empresa, que es donde tengo mi negocio actualmente, en donde se gana el 100% de tus logros y tu esfuerzo, claro, apalancado con un sistema de asociados, pero sin restricciones ni castigos. ¡Esto es lo que tú tienes que buscar, Neni!

Finalmente, investiga quiénes son sus fundadores. Los fundadores de la empresa en la que nosotras trabajamos se dedicaron por muchos años al *network marketing* antes de fundar su propia compañía. Esto es muy valioso porque ellos fueron *networkers* y saben cómo es el camino que recorremos. Para ellos, sus asociados somos lo más importante, y nos lo demuestran en cada momento.

A inicios de cada año, nuestra compañía hace un evento en Phoenix, Arizona. Yo, Regina, llevé a mi equipo para que conocieran la visión que tenía de esta maravillosa industria, y en particular de esta compañía, y se me ocurrió escribirle a nuestra fundadora para preguntarle que si tenía la oportunidad de conocernos. ¡Sí! Le escribí a la mera mera, y obviamente pensé: "tal vez no me contesta, tal vez está súper ocupada y no tiene tiempo para nosotros". Para mi sorpresa, me contestó casi inmediatamente y me dijo que le encantaría conocerme a mí y a mi equipo.

Fue así como un día después de haber terminado el evento, nos recibió la familia completa, la fundadora, su esposo y su hijo, en un salón del *backstage*, para conocer al equipo y agradecernos todo lo que hacíamos por la compañía, y por las personas a las que estábamos ayudando. Son estos pequeños detalles, Neni, los que te hacen sentir acompañada, protegida, en una palabra, respaldada.

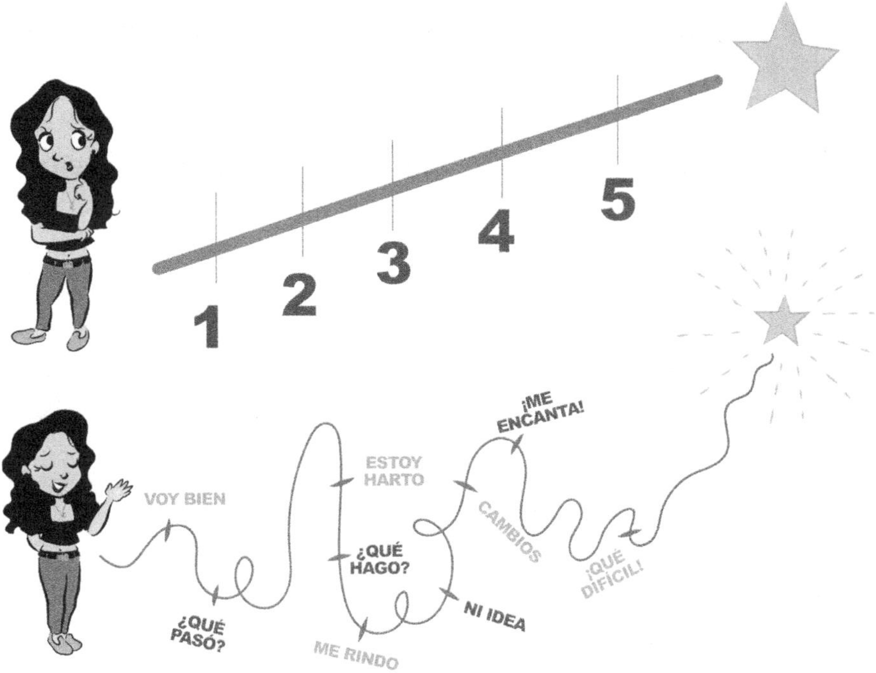

En conclusión, Neni, busca una compañía que esté legalmente constituida y en donde percibas que hay un genuino apoyo e interés por los asociados. No todos los planes de compensación de las distintas empresas de *network marketing* son los mismos. Hay esquemas que no necesariamente son tan benéficos, y aunque no podemos explicar aquí todos los planes de compensación que existen (¡para eso tendríamos que escribir otro libro!) lo que sí te podemos decir es que elijas una empresa que busque el beneficio de sus asociados y no el propio.

En una empresa así, vas a tener la oportunidad de generar ganancias que correspondan a la cantidad de trabajo que estás haciendo, vas a poder tener libertad de tiempo y vas a contar con el apoyo de todo un equipo de personas que estarán ahí para ti, ayudándote a convertirte en la mejor versión de ti misma.

Capítulo 8
Por qué nos encanta el Networking Market

En el capítulo anterior te platicamos la historia del *network marketing*, así como qué es y qué no es este modelo de negocios. Ahora queremos compartirte las cinco razones principales por las cuales nos encanta el *network marketing*: te pagan por hacer algo que de todos modos ya haces, pasa del lado del cuadrante en donde está la mayoría del dinero. Es un sistema de trabajo, es una forma de generar ganancias residuales y es una herramienta de desarrollo personal.

Vamos a ver qué significan para nosotras cada uno de estos puntos:

El network marketing te paga por hacer algo que ya haces: ¡recomendar los productos que te gustan!

Hay una cita famosa que dice: "Todos hacen *network marketing* todos los días, pero solo algunas personas reciben dinero por ello". Piénsalo, todo el tiempo estás recomendando cosas. Si tu esposo te lleva a cenar a un restaurante italiano con platillos exquisitos y música en vivo a la luz de las velas,

¡lo siguiente que vas a hacer es contarle la gran experiencia que tuviste a todas tus amigas! Si viste una película que te hizo reír toda la noche, la vas a recomendar. Lo mismo si fuiste de compras a un supermercado que tenía una sección increíble de vinos, o si te hospedaste en un hotel con una atención inigualable. Todas las personas compartimos con nuestros amigos y familiares las experiencias, productos o servicios que nos han gustado. Esto significa que, aunque no lo sepas, estás haciendo *network marketing*. La única diferencia es que, uniéndote a la empresa correcta, podrías ganar dinero por hacerlo.

En los congresos de la empresa a los que hemos asistido, siempre nos lo explican de una manera que nos gusta mucho: "el *network marketing* es el arte de que te paguen por hacer algo que ya haces habitualmente".

Imagínate que por recomendar a Costco y que las personas compren su membresía, a ti te pagaran una comisión. ¿A cuántas personas podrías hacerles esta recomendación? Te ponemos otro ejemplo: vas a un restaurante y los etiquetas en Facebook. ¿Te gustaría recibir una comisión por cada persona que visite el restaurante gracias a tu etiqueta?

La triste verdad, Neni, es que nadie hace esto, y tú sigues recomendando cosas por que así es nuestra naturaleza, nos encanta compartir lo que nos gusta. La buena noticia es que el *network marketing* es un modelo de negocios que SÍ te paga por tus recomendaciones. Una vez que te das cuenta que puedes recibir dinero por algo que has estado haciendo toda la vida, ¡ya no vas a querer hacerlo gratis!

Con el network marketing, te ubicas en la zona del cuadrante donde más dinero hay.

¿Recuerdas los cuatro cuadrantes del flujo del dinero? Vamos a verlo una vez más:

Este esquema representa las cuatro maneras en que podemos ganar dinero hoy en día. El primer cuadrante es el del "empleo" y el segundo corresponde al "autoempleo". Ya hablamos de estos primeros dos cuadrantes en los capítulos anteriores, y sabemos que, aunque son formas honestas y legítimas de generar recursos económicos, necesitan que les dediquemos demasiado tiempo y muchas veces los salarios o ganancias ni siquiera nos alcanzan para darnos una buena vida.

¿Sabes por qué puede ser muy difícil generar un ingreso significativo cuando eres empleada y auto empleada? Puede ser que la respuesta te sorprenda. La razón por la que no encuentras suficiente dinero cuando estás ubicada en el lado izquierdo del cuadrante (empleo y autoempleo) es porque el 98% del dinero del mundo se encuentra del lado derecho.

¡Te dijimos que esto iba a sorprenderte! Cuando nosotras aprendimos esto, estábamos en *shock*. ¡y ni qué decir cuándo nos enteramos, además, que solo el 2% de la población mundial se encuentra en el lado derecho del cuadrante!

El 2% de las personas se encuentran donde está el 98% del dinero, en el lado derecho. Al mismo tiempo, en el lado izquierdo, donde está el 2% del dinero, encontramos al 98% de las personas.

¡Esta es una realidad que muchos desconocen! Tú, Neni, lo sabes a partir de este momento. Si sigues haciendo tus actividades y negocios, sin contar con un sistema que te permita ser dueña de tu negocio, entonces sigues del lado izquierdo del cuadrante, como lo estuvimos nosotras durante mucho tiempo. Uno de los cambios más grandes que hemos experimentado en nuestras vidas fue precisamente hacer el salto del lado izquierdo al lado derecho del cuadrante. Decidimos escribir este libro para que tú también te animes, con la información y las experiencias que te compartimos, a cambiarte del lado en donde encuentras el 98% del dinero.

El network marketing es un sistema de trabajo

El tercer cuadrante representa a quienes son dueños de un sistema. Esto es un método organizado de trabajo que permite invertir menos horas y tener más ganancias. Como explicamos en el capítulo anterior, una franquicia es un buen ejemplo de un sistema que puedes comprar para echar a andar un negocio de manera sencilla. Un franquiciatario tiene que invertir mucho menos tiempo que alguien que desarrolla desde cero su propio negocio, ya que la creación de los productos, los planes de publicidad, la logística de distribución y muchas otras cosas ya fueron previamente desarrolladas por la empresa a la cual pertenece la franquicia.

El *network marketing* es un ejemplo muy similar de sistema. Cuando nos integramos a nuestra empresa de *network marketing*, los productos, los empaques, los sitios de venta y muchísimos otros elementos del negocio ya estaban hechos. Yo, Atziry, recuerdo cómo perdía muchísimo tiempo, energía y gasolina al ir a entregar a domicilio todo lo que vendía por catálogo. Además, era necesario hacer estos recorridos varias veces, no solo para entregar las cosas, sino para recolectar los pagos. ¡Estaba todo el día de aquí para allá! En la empresa de *network marketing*, en cambio, no necesito entregar personalmente los productos, sino que la empresa se encarga de procesar los pedidos y enviarlos al domicilio de quien los ordenó a través de su sitio web.

Por mi parte, Regina, podía pasar horas y horas horneando pays. Cuando estaba en la universidad, me quedaba despierta hasta altas horas de la madrugada, con tal de tener listos los pays que iba a vender al día siguiente. En ese momento era muy joven y podía aguantar desvelarme, pero obviamente esto no hubiera sido sostenible ni saludable a largo plazo. Hoy, siendo parte de la empresa de *network marketing*, no tengo que preocuparme por fabricar yo misma los productos. La empresa se encarga de encontrar la mejor forma de manufacturarlos, lo único que tengo que hacer es venderlos.

La empresa a la que pertenecemos se encarga también de diseñar los empaques, de hacer estudios de mercado para crear nuevos productos, de mantener actualizados los sitios web y los sistemas de compra en línea... De esta manera nosotras podemos dedicarle más tiempo a lo que de verdad importa en el negocio: a construir una excelente relación con nuestros clientes y equipos de trabajo.

El network marketing te permite generar ingresos residuales

Todos sin excepción necesitamos obtener ingresos que nos permitan vivir. La mayoría de las personas logran estas ganancias mediante un empleo y un sueldo. Es decir, trabajar cierto número de horas y posteriormente recibir un pago por ese número de horas de trabajo.

Otras personas -cada vez más- generan sus ingresos mediante el autoempleo.

Venden sus productos o servicios y sus ganancias dependen de qué tanto hayan vendido.

Como lo platicamos en los primeros capítulos de este libro, generar tus ingresos mediante el empleo y el autoempleo requiere de muchísimas horas de trabajo diario, poca libertad para disponer de tu tiempo, momentos que no puedes pasar con tu familia y enfrentarte a un futuro incierto al momento del retiro.

Otra forma de ganar dinero es mediante los ingresos residuales. ¿Qué es esto?

Un ingreso residual es dinero que recibes de por vida, después de haber hecho un trabajo una sola vez. Los ingresos residuales provienen de la construcción de un activo que te sigue pagando después de que se ha hecho el trabajo.

Para que lo entiendas mejor, te lo vamos a explicar con dos sencillos ejemplos.

Imagina a un cantante que acaba de sacar su nuevo álbum con doce canciones. Probablemente se tardó seis meses o más en componer, interpretar y grabar todo el álbum. Durante ese periodo de tiempo, ¡trabajó muchísimo! Sin embargo, una vez que el álbum está terminado, cada vez que una de sus canciones suene en la radio o en *Spotify*, el artista recibirá una cantidad de dinero. Este dinero que recibe no es un salario, sino un ingreso residual. Son ganancias que el artista genera de por vida gracias a su álbum, habiendo trabajado una sola vez en él.

Ahora imagina que vas a rentar una casa. Cuando llegas a verla, te recibe la dueña, una mujer de mediana edad que te cuenta que con sus ahorros logró comprar esa propiedad, la cual ahora está poniendo en renta. Para comprar la cosa, seguramente tuvo que trabajar mucho, pero una vez que se convirtió en dueña, puede recibir un ingreso mes tras mes, en forma de rentas, sin tener que hacer casi nada.

Esto también es un ingreso residual.

En resumen, un ingreso residual es dinero que se gana mes con mes por el trabajo que ya se ha realizado. Es una forma de ganar más y trabajar menos. No tienes que estar presente para ganarlo.

¿Cómo se genera un ingreso residual en el network marketing?

Cuando te unes a una empresa de *network marketing,* además de recomendar y vender los productos que la compañía ofrece, tienes la opción de capacitar a otras personas para que ellos también recomienden y vendan los productos. A esto se le llama duplicación, porque de cierta forma te "duplicas" a ti misma y ahora, en lugar de que solo tú estés vendiendo, hay dos, tres, cuatro, ¡o hasta cientos! de personas haciéndolo.

Una vez que te hayas duplicado, puedes empezar a recibir comisiones de las ventas que hagan esas personas a las que tú capacitaste; es decir, ya no tienes que trabajar tú misma por ese ingreso, sino que capacitas a alguien que lo genere para sí mismo y para ti.

Aquí queremos que hagas un pequeño ejercicio. Piensa cuántas horas puedes trabajar en un día. ¿8? ¿10? ¿Cuánto dinero podrías ganar si trabajaras 16 horas al día? ¿O 20 horas al día? Claro que una sola persona no debería de trabajar más de diez horas, porque eso ya no sería vida. Lo maravilloso del *network marketing* es que tú puedes trabajar 8 horas, y con el poder de la duplicación, recibes ganancias de las 2 horas que trabajó alguien más, y de las cinco horas que trabajó otro miembro de tu equipo. De esta manera, entre más grande sea tu equipo, es como si tú hubieras trabajado 50, 100 o hasta 1,000 horas, y esto se puede seguir duplicando con el PODER DEL EQUIPO.

Si quieres empezar a generar ingresos residuales, ¡el *network marketing* es tu mejor opción! Si eres artista, podrías crear ingresos residuales componiendo muchos álbumes y canciones, y esperando que se reprodujeran millones de veces en la radio o en *Spotify*. Si eres escritora, tienes la opción de escribir varios libros al año, y después cobrar una cantidad de dinero mensual por las ventas de tus libros. Si tienes varios millones de pesos, puedes comprar una franquicia y echar a andar el negocio que alguien más desarrolló por ti.

Todas estas opciones son maneras válidas de crear ingresos residuales. Sin embargo, a menos que seas artista, escritora o tengas en tus manos una herencia, es difícil que estos escenarios apliquen para ti. Por eso, siempre que alguien nos pregunta cómo puede ganar dinero sin estar esclavizada a un trabajo, lo primero que le contestamos es "¡intégrate a una empresa de *network marketing*!"

Mientras que en una franquicia pagas dinero por usar el nombre de la compañía y duplicar su sistema, en una compañía de *network marketing*, pagas con tu tiempo y esfuerzo, capacitando a un equipo de gente que duplicará el sistema. Cuantas más personas ayudes a entender este sistema y entrenes correctamente para que ellas también puedan vender los productos, mayor será tu potencial de ingresos residuales.

¡Que no te pase este error!

En el 2019, llevábamos tres años en la compañía de *network marketing*. Las dos nos sentíamos genial. Trabajábamos con un equipo que más que colegas, eran amigas. Podíamos pasar tiempo de calidad con nuestros hijos y esposos. Ya no vivíamos permanentemente en el "córrele, córrele". Nos sentíamos tranquilas y realizadas profesionalmente.

Además, nuestros ingresos habían aumentado considerablemente, ya no teníamos que preocuparnos por no poder cubrir los gastos de nuestra familia; teníamos en realidad ingresos para llevar una vida con ciertos lujos y ahorrar.

Vendíamos tanto que ese año las dos pudimos participar en un viaje organizado por nuestra compañía a las Bahamas. El viaje era exclusivo para los "*Top Achievers*", es decir, para quienes habíamos alcanzado las metas más altas en los últimos doce meses. Si alguna vez te han dado un reconocimiento, sabes lo bien que se siente. ¡Habíamos logrado ser de las mejores empresarias de *network marketing* en el país!

El día que llegamos, nos mostraron nuestras habitaciones y nos citaron en el salón de conferencias. En el salón, nos recibió la dueña de nuestra compañía y nos explicó que ahí estábamos reunidos todos los que habíamos generado mayores ingresos en el periodo de un año. Todos nos volteamos a ver y nos dimos cuenta que había gente de todo tipo. Veníamos de los cinco continentes del planeta, y había entre nosotros hombres, mujeres, gente muy joven y otrs muy grandes... ¡El millonario de edad más avanzada tenía 97 años! Su historia nos encanta porque comprueba que para el *network marketing* no hay edad ni historia de vida que se quede fuera. Él era un carnicero retirado que empezó su propio negocio de *network marketing* a los sesenta años, y durante sus dieciocho años de trabajo en la empresa, generó 70 millones de dólares.

Ahí nos dimos cuenta que el *network marketing* era para todos. Cualquier persona, con la suficiente voluntad y ganas de hacer el trabajo, puede tener un éxito enorme. Nosotras ya lo teníamos, pero aún nos faltaba aprender una importante lección.

Después de sentarnos en las mesas que nos tocaban, la dueña de nuestra compañía nos entregó a cada quien un sobre cerrado.

"En este sobre van a ver la radiografía de su negocio", nos dijo.

¡Todos nos apresuramos a abrir nuestro sobre! En la primera página estaba impreso un semáforo, que nos indicaba cuántas inscripciones de nuevos asociados habíamos hecho ese año. Las dos estábamos en color verde. Habíamos inscrito alrededor de 100 personas ese año (y aproximadamente 350 en los tres años que llevábamos).

Recuerdo que yo, Atziry, pensé: "Logré inscribir alrededor de 9 personas al mes, soy bien fregona". En eso, escuché que la dueña de nuestra compañía nos decía a
todos: "Miren a su alrededor. Todos los que están sentados aquí son millonarios, y el promedio de inscripciones anuales es de... 24 personas".

"¡¿Qué?!" ¿Cómo era posible que la mayoría de las personas que estaban con nosotras en el mismo evento, inscribían solo una cuarta parte de las personas en comparación a nosotras? En otras palabras, ¿por qué nosotras estábamos trabajando, en promedio, cuatro veces más que el resto de los millonarios? Nuestra cara de sorpresa y duda ha de haber sido tal, que una de las *coaches* se acercó y nos dijo: "vamos al bar, les voy a explicar qué es lo que está fallando en su negocio".

Recuerda que estás haciendo network marketing en el 2021, ¡no venta directa en 1940!

Cuando llegamos al bar, Susan, la *coach,* nos dijo que nos había visto muy tristes al abrir nuestro sobre. Nosotras le dijimos que era porque no entendíamos qué estábamos haciendo mal, en comparación de los millonarios que ganaban más pero trabajaban menos. Entonces Susan sacó de su bolsa un lápiz y una hoja de papel y dibujó el cuadrante del flujo del dinero de Robert Kiyosaki.

"Con el network marketing, ustedes están aquí" nos dijo, señalando con el lápiz la casilla de *Dueñas de un sistema*. "Pero su problema es que se siguen comportando como si estuvieran en este otro lugar", explicó, señalando ahora la casilla de *Autoempleo*.

¿Cómo podía ser eso posible? Las dos sentíamos que estábamos aprovechando muy bien el *sistema* que nos ofrecía nuestra compañía. A diferencia de cuando éramos autoempleadas, ya no fabricábamos nosotras mismas los productos, sino que confiábamos en que nuestra compañía los podía desarrollar con una mejor tecnología y una mejor logística. Tampoco estábamos vuelta y vuelta entregando los productos por toda la ciudad. En lugar de esto, los clientes hacían sus pedidos directamente en la página web de la empresa. Además, ¡estábamos recibiendo comisiones por las ventas que hacían los demás asociados de nuestro equipo! Si estábamos haciendo todo esto, ¿por qué la *coach* decía que no habíamos aprovechado correctamente el sistema del *network marketing*?

"¿Cuántos de los asociados de su equipo son millonarios?" nos preguntó. Las dos nos volteamos a ver y nos dimos cuenta que ni nosotras ni nadie de nuestro equipo ganaba arriba del millón de dólares. Entonces Susan nos siguió platicando:

-"Yo tengo en mi equipo de asociados a doce millonarios, además de mí. ¿Cómo creen que esto impacta mi ingreso residual? Recuerden que entre más gane su equipo, más ganan ustedes."

Susan tenía razón. No habíamos estado aprovechando el sistema del *network marketing* en su totalidad. Mientras que ella era millonaria inscribiendo a solo 25 personas al año, ¡nosotras estábamos inscribiendo alrededor de 100! Nos dedicábamos a inscribir a muchas personas, pero luego no las desarrollábamos como líderes, por lo que no aprovechábamos el potencial de la DUPLICACIÓN dentro de nuestros equipos.

La diferencia entre nosotras y Susan era la manera en que desarrollábamos el potencial de nuestros equipos.

Aunque el equipo de asociados de Susan era mucho más pequeño, ella se aseguraba que cada uno de ellos se convirtiera en un verdadero líder y usara correctamente el sistema del apalancamiento, no solo vendiendo productos, sino buscando el liderazgo. Los asociados en la red de Susan tenían a su vez sus propios equipos de asociados, quienes tenían a su vez más asociados a su cargo. Esta red de personas, en conjunto, podía generar unas comisiones altísimas. Por primera vez entendimos lo que era en realidad el trabajo en equipo dentro de esta industria. Estábamos muy enfocadas en seguir trayendo personas, pero dedicábamos poco tiempo a capacitarlas cuando ya estaban inscritas.

Por esta razón, teníamos equipos mucho más numerosos, pero la mayoría de los asociados a nuestro cargo eran simplemente consumidores de los productos. En los tres años que llevábamos en la compañía, no nos habíamos preocupado por sacar el más alto potencial de cada miembro de nuestros equipos. Algunos vendían mucho, otros vendían poco, había quienes no compraban su *kit* de productos ese mes... Nuestra "solución" ante esto había sido simplemente reclutar más asociados. Lo que había hecho Susan, en cambio, era darle una atención personalizada a cada persona de su red y convertirlos en excelentes vendedores y líderes de sus propios equipos.

"¿Qué preferirían?" nos preguntó Susan. "¿Que les de en este momento una bolsa con cinco millones de dólares, o que les regale un centavito que se multiplica todos los días?"

Sin pensarlo, las dos elegimos la bolsa de cinco millones de dólares. Susan se rió de nosotras y nos explicó:

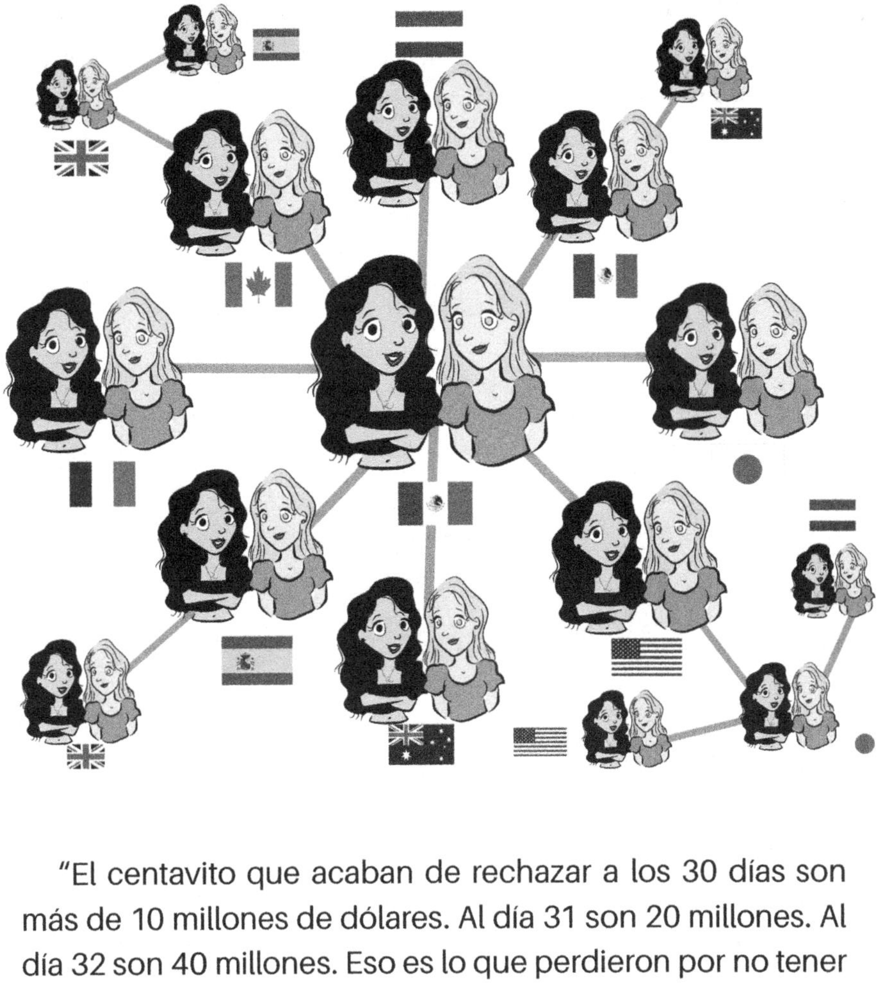

"El centavito que acaban de rechazar a los 30 días son más de 10 millones de dólares. Al día 31 son 20 millones. Al día 32 son 40 millones. Eso es lo que perdieron por no tener la visión a futuro. En lugar de agregar 100 personas nuevas a su equipo cada año, tienen que motivar a sus 100 mejores asociados, para que cada uno reclute a una nueva persona."

En ese momento entendimos que el *network marketing* es el negocio de ayudar a otra gente a ser igual de exitosa que tú. Cada persona que conforma tu red puede ser un centavito que se multiplica. Pero para lograrlo, tienes que empezar a actuar como líder, ¡no como agente de ventas directas en 1940!

Capítulo 9
Conviertiéndote en una superestrella

El network marketing es una herramienta de desarrollo personal

En el capítulo anterior te contamos un poco de la historia del *network marketing*; que surgió hace casi 200 años y cómo evolucionó a partir del oficio de la venta directa. ¿Recuerdas cuál es la principal diferencia entre la venta directa y el *network marketing*?

Mientras que en la venta directa el éxito depende de qué tantos productos puedas vender, en el *network marketing* tu éxito se determina por el de todo tu equipo de asociados. El *network marketing* es el único modelo de negocio que hace hincapié en des-enfocarse de uno mismo para centrarse en el crecimiento y desarrollo del equipo. En este negocio, dejar las necesidades propias en favor de un mayor éxito para el equipo, proporciona al final una solución ganadora para todos.

Por eso en el *network marketing,* el desarrollo personal es una prioridad.

Debido a que el éxito de todas las personas de la red está conectado, todo tu equipo tendrá un interés muy grande en que te vaya bien. En empresas de *network marketing,* mucho más que en otro tipo de compañías, encontrarás una gran cantidad de herramientas, capacitaciones, cursos y retiros que tienen como único objetivo que tú te conviertas en la mejor persona posible para tener éxito en este ámbito de tu vida.

Si solo pudiéramos hablar de una sola cosa en este libro, no hablaríamos del dinero o las ganancias que puedes generar en este modelo de negocios, sino acerca del grandísimo desarrollo personal que llega a ti cuando empiezas a formar parte del *network marketing.* De hecho, una de las definiciones que más nos gustan de este modelo de negocios es: "el *network marketing* es un curso de desarrollo personal, con un plan de compensación incluido".

Wirthlin Worldwide, una empresa de consultoría empresarial en Estados Unidos, realizó una encuesta entre personas que eran miembros de compañías de *network marketing,* en donde se les preguntaba acerca de sus motivos para formar parte de dichas empresas. Las respuestas que dieron las personas fueron sorprendentes. Contar con un ingreso monetario fue, por supuesto, una de las razones por la que la gente está en el negocio. Sin embargo, otros de los motivos que mencionaron fueron: oportunidad de conocer a nuevas personas, recibir reconocimiento por los logros, mejorar el desarrollo personal, contribuir al desarrollo de otras personas y formar parte de un negocio junto con un familiar o amigo.

De hecho, entre los encuestados, solo el 32% dijo que su motivación principal era el dinero. El 68% de las personas está en el *network marketing* por motivos de desarrollo y realización personal.

Jim Rohn, un autor motivacional que se consideraba como un "filósofo de los negocios" decía que del desarrollo personal viene todo lo demás. En sus conferencias, una de las enseñanzas principales que compartía era la importancia de trabajar sobre nuestra propia persona.

> *"Hagan trabajo duro sobre ustedes mismos. No solamente trabajo duro sobre sus clientes, no solamente trabajo duro sobre su distribuidor. Más bien trabajen duro sobre ustedes mismos, desarrollando el temperamento y la personalidad adecuada para tener éxito".*

Debemos dominar tanto el lograr como las virtudes. Si practicamos el lograr y no las virtudes, entonces la falta de virtudes va a erosionar nuestra capacidad del logro y como empresa, vamos a ir hacia atrás en lugar de hacia adelante. Desarrollar cualidades y virtudes es esencial, porque "el éxito no se persigue, el éxito es algo que se atrae por la persona en que nos convertimos."

Si llegaste hasta aquí, ya sabes cuáles son las ventajas que ofrece el sistema del *network marketing*. No solo es la manera más sencilla de echar a andar tu propio negocio, si no que te da la posibilidad de duplicación, es decir enseñar a otros a hacer lo mismo que tú haces y generar ganancias residuales. Además, tu deseo de alcanzar el éxito dentro de este modelo de empresa inevitablemente te llevará a desarrollarte como persona. Este último punto es, probablemente, el más importante.

A mí, Regina, siempre me gusta decirle a mi equipo: "Aquello en lo que te conviertes es más valioso que lo que recibes."

Con esta frase no queremos decir que no nos importe el dinero. Como mamás y cabezas de familia sabemos que la estabilidad económica es básica para una calidad de vida digna. Como lo explicamos en el capítulo anterior, dos cosas que nos encantan del *network marketing* tienen que ver con el dinero: poder generar ganancias con un sistema especialmente diseñado para eso, y poder tener ganancias residuales. Sin embargo, insistimos en la importancia del desarrollo personal porque sabemos que, sin este desarrollo, es muy difícil que tengas éxito monetario.

Hace unos años, cuando le explicamos esto a un equipo de nuevas asociadas, una de ellas nos preguntó muy sorprendida: "¿No habían dicho que el *network marketing* era un sistema que le garantizaba tener éxito a cualquiera que lo siguiera?" Nuestra respuesta fue: "¡El que tú desarrolles ciertas características y virtudes ES parte del sistema!" Por eso todas las empresas serias *de network marketing* ofrecen constantemente cursos y capacitaciones de desarrollo personal. Si los fundadores de estas empresas no pensaran que el desarrollo personal fuera necesario para alcanzar el éxito, no le apostarían a invertir tanto tiempo y recursos que permitieran crear herramientas para ello.

En este capítulo vamos a compartirte las cualidades más importantes que creemos que tienes que desarrollar para tener éxito no solo en el *network marketing,* sino en cualquier área de tu vida. Si ya tienes tu propio negocio de *network marketing,* este capítulo puede ser una oportunidad para que reflexiones y evalúes lo que has logrado y lo que te falta trabajar. Si aún no eres parte de ninguna compañía de este tipo, o incluso si no tienes claro tu camino en este momento, desarrollar estas cualidades te ayudarán a estar preparada para las oportunidades que se te presenten en el futuro.

Muchas veces, las oportunidades llegan a nuestra puerta, pero no podemos aprovecharlas porque no contamos con el conocimiento o el grado de desarrollo personal suficiente para sacar el mayor provecho de lo que se nos presenta.

Alguien que sí supo estar preparado, y eso lo llevó al éxito, fue el presentador de radio y televisión estadounidense Les Brown, quien a pesar de haber tenido una infancia muy difícil -en donde fue abandonado y luego adoptado por una madre soltera- siempre soñó en grande.

Uno de sus sueños era ser *DJ* en una estación de radio, y en una de sus conferencias cuenta la siguiente anécdota:

> "Uno de mis maestros de la preparatoria me preguntó que quería ser cuando fuera mayor. Yo le conté que mi sueño era ser DJ, así que él me dijo: "muy bien, entonces quiero que practiques tus habilidades de DJ todos los días". Yo le respondí: "¿por qué voy a practicar mis habilidades de DJ, si ni siquiera sé si algún día podré dedicarme a eso?" Entonces mi maestro me dio el mejor consejo que he escuchado: "es mejor estar preparado y no tener la oportunidad, que tener la oportunidad y no estar preparado."

Pocos meses después de haber tenido esta conversación con su maestro, Les Brown consiguió un empleo en una estación de radio. Su trabajo consistía en hacer encargos, como preparar café y tener listos los almuerzos de todos los demás trabajadores. Siguiendo el consejo de su maestro, además de realizar sus tareas asignadas, cada vez que podía iba a la cabina y estudiaba cómo los DJ's hacían su trabajo. Tomaba nota de qué botones accionaban en los controles de mando, cómo manejaban los micrófonos y de qué forma le hablaban al público.

> "Un día, recuerdo que era sábado, un DJ llamado Rock se presentó a su programa borracho. Estaba tan tomado que no podía ni siquiera pronunciar los nombres de las canciones. En ese momento recibí una

llamada del manager general que me decía: "necesito que consigas a otro DJ, porque Rock no puede terminar así su programa". Yo era la única persona en la estación, aparte de Rock, así que el manager me preguntó: "¿sabes usar los controles de mando de la cabina?" Cuando le dije que sí, él me respondió: "muy bien chico, ahora tú estás a cargo del programa".

Les Brown no sabía que el DJ del programa iba a llegar borracho ese sábado, ni que iba a estar solo en la estación, tampoco que el manager le iba a autorizar entrar a la cabina. Sin embargo, había decidido desde hacía mucho estar preparado para cualquier oportunidad que llegara a presentarse, y fue por eso que ese día pudo tomar el lugar de Rock y realizar un buen trabajo. A partir de ese momento su carrera despuntó y logró tener sus propios programas en la radio y posteriomente en la televisión.

Si estás leyendo este libro, estás en la búsqueda de TU oportunidad. Estar preparada no solo implica tener los conocimientos necesarios, sino también haberte ocupado de tu desarrollo personal. Tu estado mental y emocional pueden hundirte o pueden hacer que la oportunidad se convierta en un gran éxito. En las siguientes páginas vamos a compartirte las cualidades y habilidades que tienes que tener para recibir de la mejor manera cualquier oportunidad que llegue a tu puerta.

La importancia del amor propio

Una de las primeras cualidades que se necesitan para ser exitosa es el amor propio. Tener aprecio por ti misma es lo que te permitirá desarrollar todas las otras habilidades de las que iremos hablando. Sin amor propio, es imposible que tomes buenas decisiones para ti misma. Por eso, estar convencida de que vales mucho y mereces mucho es el primer paso hacia el éxito.

Algo súper importante que necesitamos decirte acerca del amor propio es que este no empezó después de haber entrado al *network marketing*. De hecho, ¡comenzó antes! Todo el trabajo que hicimos en torno al amor propio fue lo que finalmente nos llevó a aceptar la oportunidad de crear nuestro propio negocio utilizando el mejor sistema. Si no hubiéramos leído, tomado cursos y trabajado con terapeutas, nunca habríamos desarrollado el amor propio necesario para ponernos a nosotras mismas como prioridad en nuestra vida y aceptar el reto de empezar un negocio de mercadeo de redes. Por eso, queremos que tengas muy presente que el amor propio lo tienes que desarrollar AHORA MISMO.

¡No te esperes a estar dentro de una empresa de *network marketing* para hacerlo! Claro, un buen líder de *network marketing* te va a motivar a seguir trabajando en este amor, aún cuando lleves años dentro de la empresa. Pero nunca es demasiado tarde para empezar.

¿Recuerdas todos los libros, videos y cursos que tomamos antes de que se nos presentara LA OPORTUNIDAD? ¡Eso es amor propio, y empezamos a hacerlo mucho antes de que el *network marketing* llegara a nuestra vida! Estamos convencidas de que fue precisamente eso lo que eventualmente hizo que esta gran oportunidad tocara a nuestra puerta.

Si ya estás dentro de una empresa de *network marketing*, y aún no te enfocas en desarrollar tu amor propio, esta es la señal de que tienes que hacerlo ya. Y si no te decides por el *network marketing* o tampoco tienes claro el camino que quieres tomar en tu vida, ¡también es momento de que trabajes en ese amor! No te vas a arrepentir, *Neni*. Sea cual sea la etapa de vida en la que estés, el amor propio es la mejor inversión que puedes hacer.

El primer paso para el amor propio: deja de tratarte como un basurero

¿Se han dado cuenta como las mamás siempre nos dejamos a nosotras mismas al final? Desde muy chicas se nos enseña que es tarea de las mujeres asegurarse del bienestar de la familia, y que solo hasta que los demás estén bien, nos toca a nosotras preocuparnos por nosotras.

¡Parecería que no somos parte de la familia! Definitivamente nunca trataríamos a nuestros hijos o esposo como a veces lo hacemos a nosotras mismas.

"Atziry, te estás tratando a ti misma como si fueras un basurero", me dijo mi psicóloga un día. Al principio no me gustó escucharlo, ¡pero la verdad es que Maritza tenía razón! Les compraba a mis hijos cada año sus zapatos de la escuela, mientras yo andaba con unas chanclas feas y viejas. Los niños impecables, pero yo no. Los niños comían primero, se iban, mientras yo terminaba comiéndome las sobras de los chamacos. ¡Nunca me compraba la ropa que me gustaba, pero no dudaba en gastar el poco dinero que tenía en los juguetes que se anunciaban en la tele y que mis hijos querían!

Para muchas personas es fuerte decir "yo me estaba tratando como un bote de basura". Para mí fue difícil decirlo y aceptar que me comía las sobras de todo mundo; me dejaba hasta el final, en casa todos estaban bien menos yo.

Tiempo después aprendí que cuidar de mí misma de la misma manera que cuido de mis hijos y mi esposo, no es egoísmo, es amor propio, y que este amor propio es importantísimo para el bienestar de toda la familia. Si en la casa mamá está bien, todo el mundo lo está. Si la mamá está feliz, se nota y la casa entera está contenta. ¿Apoco no, Neni? Seguro te ha pasado que cuando estás de mal humor, tus hijos empiezan a pelearse, tu esposo llega diciendo que tuvo en pésimo día en el trabajo, discuten, las energías bajan, el ambiente se torna tenso y empiezas a vivir frustrada.

Si te identificas con esta actitud de tratarte a ti misma como un basurero, de dejarte al final, ¡no estás sola! Pero es algo que, si quieres ser exitosa, tienes que cambiar.

Poder decir "ahora me toca a mí" es un gran paso. Sabemos, sin embargo, que puede venir acompañado de un gran sentimiento de culpa. Debido a nuestra cultura y a los mensajes que nos da la sociedad, dar prioridad a nuestras necesidades puede ser visto como "malo", "irresponsable" o "egoísta".

Tener este tipo de sentimientos es normal. ¡Es lo que nos han enseñado a sentir! Pero si quieres ser una mujer exitosa, tienes que estar muy segura que ponerte a ti misma primero no es egoísmo, sino amor propio, y que esto va a terminar impactando a tu familia positivamente.

Yo, Regina, siempre he dicho que la mujer es como la guía de la casa, la armonía. Si tú estás bien, todo va a estar bien. Pero si tú estás mal, ¡agárrense todos! Si amaneces de malas, si no dormiste, si algo pasó en tu vida que te desbalanceó... empiezas a tener problemas con el marido, con los hijos, ¡con todo el mundo! En cambio, si tú estás bien, todos a tu alrededor están mejor.

Imagina que tu corazón es como una lámpara que emite luz. Entre mejor te sientas, más vas a brillar, y con ese brillo empiezas a impactar la vida de los demás. El balance de una casa usualmente lo damos las mamás. Si una mamá está feliz, se nota y la casa entera está contenta, porque su corazón actúa como una antorcha de luz que va iluminando todos los rinconcitos.

El rechazo: que las piedras que te avienten te sirvan para construir tu castillo

Uno de los factores por los que más desiste la gente en el *network marketing* es el rechazo, que te digan que no. Una de las respuestas más comunes que recibimos cuando invitamos a la gente a ser parte de nuestro negocio es "¡Yo no podría hacer lo que ustedes hacen! ¡A mí me da mucha pena hablar con la gente!" o "Yo no soy buena para vender, lo mío no son las ventas". Muchos de estos argumentos, en el fondo, son un miedo al rechazo.

Una de las cosas que más nos impactaron fue aprender que las personas le tenemos más miedo al rechazo que a la muerte. Hace tiempo se realizó una encuesta a miles de personas para conocer los miedos más presentes en nuestras vidas.

¿Sabes cuál era el miedo que apareció en cuarto lugar? El miedo a la muerte. ¿Y cuál fue el miedo número uno, el más común de todos? Hablar en público y que se burlaran de ellos. Es decir, hay gente que preferiría morir antes que experimentar el rechazo de otras personas.

Los científicos que estudian la biología evolutiva, explican que los seres humanos hemos desarrollado la necesidad de ser aceptados y de encajar en el grupo porque en el pasado ser rechazados por nuestra familia o tribu podía significar la muerte. Ir sola por la jungla a buscar alimento podía ser bastante peligroso, ¿no crees?

Hoy en día, ya no corremos el riesgo de morir si somos rechazadas. ¡Pero es muy común sentir el rechazo como una herida de muerte! El chiste es saber que esto es una reacción normal, y que tenemos que seguir adelante, sabiendo que tu voluntad de tener éxito es más grande que tu miedo. No es fácil enfrentarte al rechazo, que puede venir incluso de la gente más cercana a ti, de tu propia familia.

"Ay Regina, mira nada más cómo estás, ¡todo el día en el teléfono respondiendo mensajes". Cuando mi negocio de *network marketing* empezó a crecer, mi familia me juzgaba y me decía que estaba abandonando mis responsabilidades de mamá, que pasaba demasiado tiempo en el celular y que no estaba realmente con mis hijos. La primera vez que tuve que ir a un evento fuera de la ciudad en donde vivía, mi esposo se molestó tanto que no fue a recogerme a la estación de camiones y tuve que regresarme a mi casa sola, en taxi.

Afortunadamente, una de mis líderes de equipo me explicó que, en el *network marketing,* nunca hay que tomarse el rechazo de forma personal. Es decir, la gente no te está rechazando a ti, si no a la oportunidad. Tal vez no es su momento para entrar al negocio, tal vez no les interesa o necesitan pensarlo un poco más. Sean cuales sean sus motivos para decir "no", este "no" casi siempre va dirigido a la oportunidad de negocio, no a ti.

Aún cargando a cuestas el rechazo de mi familia, confié en mi visión y les pedí que me dieran chance de seguir trabajando en mi proyecto de negocio durante tres meses. Si en ese tiempo no lograba buenos resultados, iba a dejar el *network marketing* para dedicarme completamente a mis hijos y a mi casa. Seis años después... ¡aquí sigo! Recuerdo particularmente el momento en donde todo cambió, que fue durante un viaje a las Vegas pues me lo había ganado por mi buen desempeño en la empresa. Decidí que quería invitar a mi esposo, Ramón, a ese viaje, y ahí fue donde él se dio cuenta del gran potencial que había en el *network marketing*.

Íbamos caminando por un pasillo del hotel *Venetian* y él empezó a ver los banderines, las fotos, espectaculares y miles de personas que llevaban las mochilas o los termos de la compañía.

Mientras nos íbamos acercando al registro, viendo las banderas de todos los países del mundo que conforman nuestra increíble comunidad, me tomó la mano y dijo "no tengo idea de que es esto, pero tú pégale, porque esto es más grande que cualquier compañía transnacional que yo conozca". Ese momento fue liberador, porque sabía que era el inicio de un camino profesional como equipo. Hoy, puedo decir que somos un gran equipo y que mi negocio va mejor que nunca gracias a que persistí.

Cuando persistes y logras superar la barrera del rechazo, puedes empezar a construir tu patrimonio con las piedras que te avientan, te conviertes en alguien imparable. Lo que nosotras siempre decimos es "si no te han dicho suficientes "no", es que no has trabajado", "Entre más "no" te digan, estás más cerca del "sí".

El que resiste, gana.

La resiliencia, una de las cualidades más importantes a la hora de emprender cualquier proyecto, se refiere a la capacidad para superar periodos de dolor emocional y situaciones adversas, saliendo fortalecida de ellas.

Cuando sienta miedo del silencio Cuando cueste mantenerme en pie Cuando se rebelen los recuerdos
Y me pongan contra la pared Resistiré, erguido frente a todo
Me volveré de hierro para endurecer la piel
Y aunque los vientos de la vida soplen fuerte
Soy como el junco que se dobla, pero siempre sigue en pie.

Estas estrofas de la canción titulada "Resistiré" fueron cantadas por primera vez en 1988 por el grupo musical español "Dúo Dinámico", inspirados en una frase que dijo el famoso novelista español Camilo José Cela: "el que resiste, gana". Recientemente varios artistas, entre ellos Gloria Trevi, Lila Downs y Belinda la revivieron con motivo de la pandemia de COVID-19.

Mientras nos encontrábamos encerrados en nuestras casas, varios artistas, en una sesión en vivo de *Youtube,* nos ofrecieron estos versos de resiliencia, para recordarnos que aún en medio de una crisis de salud mundial, los seres humanos tenemos una capacidad increíble para salir adelante.

La resiliencia la podemos encontrar no solo en una pandemia, si no en crisis económicas, cuando despiden a alguien de su empleo, en un corazón roto, en obstáculos que encuentras al iniciar tu negocio, o cuando alguien te dice "no". No importa las circunstancias en que nos encontremos, la resiliencia siempre ha sido una cualidad de la que los seres humanos echamos mano. Ser resiliente es lo que nos permite continuar nuestro camino, incluso después de tropezar con las piedras que la vida nos pone en frente.

El psiquiatra y neurólogo Boris Cyrulnik fue la primera persona que habló de la resiliencia en el campo de la psicología. Él la define simplemente como "la capacidad del ser humano para reponerse del dolor". Aunque la definición es sencilla, explica el médico, lo complicado a veces puede ser, saber cómo activar nuestra capacidad de resiliencia.

Afortunadamente, Boris Cyrulnik nos comparte dos cosas que debemos hacer para desarrollar nuestra capacidad de resiliencia.

Lo primero que este médico recomienda para fortalecer nuestra resiliencia es rodearnos de gente en quien confiemos y que nos haga sentir bien. Estas personas pueden ser familiares, tu pareja, amistades o colegas del equipo de trabajo. Cuando sufrimos un evento difícil y que nos deja sintiéndonos mal, nuestra primera reacción es aislarnos. Aunque es una respuesta humana natural, esto solo agrava el problema, ya que el recuerdo de nuestra herida se refuerza más y más.

Uno de los aspectos más bellos que encontramos dentro del *network marketing* es la calidad de las relaciones humanas que se forman dentro de los equipos de trabajo. En este negocio, si a tu equipo le va bien, a ti te va bien, puedes encontrar en los otros un gran apoyo, especialmente en tus momentos difíciles. Cuando te sientas desanimada porque no has logrado hacer las ventas que querías o hubo un rechazo que te hizo sentir especialmente vulnerable, ¡no te aísles! Lo mejor que puedes hacer es contactar a los miembros de tu equipo, en los que más confíes y contarles cómo te sientes.

Estamos seguras que después de hablar con alguien te sentirás mejor, y además recibirás consejos prácticos que te ayudarán a superarte en lo que haces.

La segunda cosa que podemos hacer para reponernos más fácilmente de las dificultades es pensar en ayudar a los demás. Durante su juventud, Boris Cyrulnik trabajó en el Congo, con los niños soldados. Cuando les preguntaba qué querían ser de grandes, muchos le respondían que su sueño era ser periodista o médico. Es decir, estos niños que habían vivido situaciones extremadamente difíciles soñaban con ayudar a los demás, escribiendo sus historias para pedir justicia o sanando a la gente herida.

Si trasladamos este ejemplo al *network marketing*, puedes desarrollar tu resiliencia pensando en cómo puedes ayudar a los demás a través de tu negocio. Después de vivir un evento adverso, enfócate menos en el dolor, y piensa en todas las maneras en que quieres impactar positivamente la vida de la gente que te rodea. Cuando recuerdes que este negocio no se trata solamente de que tú brilles, sino de ofrecerle a las personas productos y oportunidades que de verdad les cambien la vida, podrás seguir adelante con mucha más facilidad, pues ellos son tu motor.

La importancia de la autodisciplina

A lo largo de este libro te hablamos de los conceptos que necesitas comprender para empezar a caminar hacia tu libertad financiera. Te compartimos también algunas de las cualidades personales que necesitas desarrollar para poder recibir las oportunidades que lleguen y sacarles el máximo provecho. Ya lo sabes todo. Ahora solo falta ponerlo en práctica.

John Maxwell es un escritor y conferencista estadounidense que escribió más de 80 libros acerca de emprender proyectos exitosos. Cuando le preguntan que cuál es su mayor reto, su respuesta siempre es la misma: "el mayor reto es dirigirme a mí mismo".

Dirigir nuestras propias acciones es de las cosas más difíciles que podemos hacer.

Es fácil decirle a otras personas que tienen que levantarse temprano, o tienen que trabajar sin distraerse en sus redes sociales. Sin embargo, cuando somos nosotras quienes tenemos que levantarnos de la cama cuando aún hace frío, o tenemos que trabajar sin ceder a la tentación de checar nuestra página de Facebook, se vuelve mucho más complicado hacerlo.

John Maxwell sabe lo complicado que puede ser dirigir tus propias acciones, pero también asegura sin dudarlo que cualquiera que sea el objetivo que persigas, no lo podrás obtener sin una buena dosis de autodisciplina. El camino hacia el éxito es cuesta arriba, explica, y no podrás escalar esa cuesta sin una disciplina que te acompañe todos los días.

La disciplina es el puente que lleva de las intenciones a las acciones. Queremos resaltar mucho esta frase porque la disciplina es la diferencia entre el éxito momentáneo y el éxito permanente. El problema es que la mayoría de la gente ve el éxito como una lotería, piensan que algún día, con buena suerte, les tocará.

Lo cierto es que no existe tal cosa como la buena suerte en los negocios. Lo que sí existe es la voluntad de llevar a cabo las acciones adecuadas, de forma paciente y constante, hasta llegar a la cima.

Jim Rohn, empresario y escritor motivacional, decía que "los que logran alcanzar una disciplina son los que obran los milagros." Para lograr hacer cosas grandes, necesitamos fe, visión y disciplina. La fe y la visión son las que nos dicen: "si alguien más lo hizo, puedo hacerlo yo también". Necesitamos esa clase de fe y esa clase de visión, pero sin la disciplina se pierde la visión y la imaginación queda sin valor.

Si tomamos, por ejemplo, la salud. Podemos leer sobre buena salud, hablar de la buena salud y creer que la buena salud es posible, pero hay que ponernos a hacer ejercicio, comer muchas frutas y verduras y beber agua. Tenemos que hacer todo lo necesario para crear una buena salud, porque la buena salud no es solamente una visión, la buena salud es una práctica, es una disciplina.

El peor enemigo de la autodisciplina

¿Te ha pasado que tienes que hacer un Excel con tu inventario, pero dices "primero voy a barrer la casa, luego voy a lavar la ropa, y después de esto me pongo a hacer el inventario"? Después de lavar la ropa y barrer... ¡sorpresa!, ya no tuviste tiempo de hacer el inventario.

¿Ya viviste algo similar? Tal vez no haces las llamadas a tus clientes porque tienes que hacer algo "más importante" primero, como ordenar tu galería de fotos. O no te sientas a hacer el diseño de tus carteles promocionales, porque primero tienes que responder todos tus mensajes de *WhatsApp.*

Cuando constantemente posponemos algo que tenemos que hacer, estamos procrastinando. Esta palabra, que suena más complicada de lo que realmente es, se refiere simplemente a todas las veces en que hacemos una tarea fácil para evitar hacer la tarea difícil.

Procrastinar es el peor enemigo de la autodisciplina. Nos impide llevar a cabo las tareas que son necesarias, haciéndonos perder el tiempo en cosas que no son importantes en ese momento. Si procrastinar es tan malo, ¿por qué lo hacemos?

Al contrario de lo que muchos piensan, procrastinar no se relaciona con la flojera. De hecho, mucha gente que pospone tareas importantes, en su lugar hace cosas que -vistas objetivamente- son productivas, como limpiar la casa o cuidar de sus mascotas. Claro, el problema no es que alguien cuide a su perro, si no lo que está dejando de hacer con la excusa de sacarlo a pasear.

Los psicólogos que hablan de este tema explican que procrastinar se relaciona con no sentirse capaz. En el ejemplo de hacer un Excel con tu inventario, puede ser que no te sientas lo suficientemente organizada o buena con los números como para poder hacerlo correctamente. ¡Tal vez ni siquiera sabes usar bien Excel, y eso te intimida! En relación a esa tarea, no te sientes capaz. Sin embargo, para otras cosas como lavar la ropa, sabes que eres buena. Eso ya sabes cómo hacerlo. Nunca dudas acerca de qué tipo de jabón tienes que usar, y sabes perfectamente que la ropa de color se lava por separado.

Ante estas dos tareas, una que te sientes muy capaz de hacer, y otra que te cuesta trabajo, tu inconsciente siempre va a elegir lo que mejor sabe hacer. ¡Parece un callejón sin salida! Pero no te preocupes, todos nos hemos enfrentado a esto en algún momento u otro. La buena noticia es que hay maneras muy efectivas de superar el procrastinar y ponerte a hacer lo que verdaderamente tienes que hacer.

A continuación, te compartimos tres cosas que a nosotras nos han servido para cultivar la autodisciplina y evitar procrastinar:

- Divide las tareas grandes en partes más pequeñas. Como comentamos anteriormente, la causa principal de procrastinar es que las tareas nos parecen abrumadoras. Una buena forma de hacer que nos parezcan más manejables es romperlas en pedacitos pequeños y completar un paso a la vez.

Gary Keller, autor de varios libros *best- sellers* y fundador de la empresa inmobiliaria más grande del mundo, escribió un libro llamado *la única cosa* en donde explica que, sin importar qué tan grande sea un proyecto, este siempre puede dividirse en partes más pequeñas. Después de dividir una tarea grande en partes más manejables, concéntrate en una sola cosa a la vez. ¡No intentes hacer *multitasking*! Aunque sientas que de esta forma avanzas más lento, Gary Keller asegura que, "aquellos que se concentran en una sola cosa son quienes avanzan en este mundo."

- Ponte una fecha de entrega. Cuando no tenemos un límite de tiempo, las tareas suelen ser menos concretas en nuestras mentes, y esta falta de claridad es una gran aliada de la distracción. Una meta fija siempre hace que el trabajo sea más fácil de terminar.

Tus plazos de entrega no tienen que ser necesariamente dos a tres días después de que empezaste la tarea. Ya que dividirás tus actividades en partes muy pequeñas, tus plazos de entrega pueden ser "dentro de las siguientes dos horas" o "antes de que mis hijos regresen de la escuela". Nolan Bushnell, un pionero en la industria de los videojuegos siempre decía que "la inspiración más grande es una fecha límite".

- Pide ayuda. ¿Recuerdas que te explicamos que procrastinar tiene que ver con que no te sientes capaz de hacer algo? Muchas veces, pensamos que las tareas son más difíciles de lo que realmente son. Pero otras veces, ¡lo que tenemos que hacer es complicado y no sabemos el conocimiento suficiente para hacerlo solas! En estos casos, lo mejor que puedes hacer es pedir ayuda.

Si estás posponiendo la tarea de realizar un Excel con tu inventario, y te das cuenta que es porque no sabes utilizar el programa, lo primero que debes hacer es ver un tutorial o pedirle a alguien que te enseñe las funciones básicas de Excel. Cuando te des cuenta de que vuelves a procrastinar, pregúntate a ti misma, ¿por qué no quiero hacer lo que tengo que hacer? Si después de dividir la tarea en partes pequeñas, te das cuenta que muchas de esas partes no las sabes hacer, no dudes en acudir a otras personas que pueden auxiliarte.

La mentalidad del 3%

En todos los grupos sociales o actividades en las cuales te llegas desempeñar, siempre hay dos tipos de personas: las que hacen lo que se espera de ellas y no van más allá, y las personas que tienen resultados espectaculares y destacan en lo que hacen. Las de la primera categoría representan el 97% de las personas, mientras que las que más destacan son el 3%.

A ti, ¿te gustaría ser parte del 3%? Casi todas las personas, cuando les preguntan esto, dicen que sí. ¡Claro, a todos nos gustaría destacar y ser los mejores en lo que hacemos! Querer ser parte de este grupo es el primer paso para lograrlo, vas muy bien.

El segundo paso es creértela. ¿En qué te gustaría ser la mejor? Nosotras decidimos que necesitábamos ser las mejores dentro de nuestra empresa de *network marketing*, y ser parte de ese 3% que ganaba muy por encima del promedio. Si estás leyendo este libro, puede ser que tu objetivo sea el mismo que el nuestro. Pero también podría ser que te interese ser la mejor empleada, y ser parte de ese 3% a quien le ofrecen un ascenso. O tal vez tú quieres ser la mejor atleta, y ser parte de ese 3% que logra llegar a las Olimpiadas. ¡el límite es el cielo!

Ya que sepas exactamente en qué quieres ser la mejor, visualízate a ti misma siéndolo. Nosotras, por ejemplo, antes de alcanzar el éxito que tenemos ahora, nos visualizábamos ganando los reconocimientos que da la empresa a los mejores asociados y asistiendo a los viajes para *Top Achievers*. Esto es muy importante porque cuando tú te crees capaz de ser exitosa, es mucho más probable que tomes todos los pasos necesarios para finalmente llegar ahí.

Alcanzar tus metas toma tiempo, y requiere que diariamente hagas acciones concretas para llegar ahí. Es esencial que te veas a ti como una persona que logra grandes cosas, porque si no te sientes así, ni siquiera darás el primer paso.

Muy bien, ya tienes el deseo ardiente de ser parte del 3%, ya te visualizaste a ti misma siendo parte de ese 3%. Ahora viene la parte más importante: tienes que empezar a llevar a cabo acciones diarias que te lleven hasta tu meta.

El 97% de las personas son quienes están acostumbradas a hacer lo que el resto del mundo hace. Si quieres ser parte del 3%, tus acciones tienen que ser fuera de lo común. Por ejemplo, el 97% de las personas no lee libros, ni escucha podcasts o toma cursos de desarrollo personal. Si quieres destacar, tienes que hacer lo que los otros no hacen. ¡Toma el libro, inscríbete al curso! El 97% de las personas no tiene una rutina diaria de ejercicio. Si quieres sentirte y verte como el 3%, necesitas hacer lo que los demás no hacen; levantarte más temprano y hacer media hora de actividad física.

Lo más importante que tienes que entender es que la mentalidad del 3% no se trata del resultado final. Se trata de las pequeñas y aparentemente insignificantes decisiones tomadas día con día, que eventualmente acumuladas producen ese resultado final. A esto se le llama el "efecto compuesto". Te vamos a dar un ejemplo: justo en este momento tienes este libro de desarrollo personal en tus manos. Imagínate que solo puedes leer tres páginas al día. Parece muy poquito, ¿no? ¿Cómo es posible que tres páginas te lleven a ser parte del 3%? El secreto está en que vas a leer tres páginas hoy, tres páginas mañana, tres páginas pasado mañana, tres páginas el domingo, tres páginas el día de tu cumpleaños, tres páginas en Navidad... Si haces esto de manera constante, puedes terminar un libro de 250 páginas en tres meses. ¡Esto significa que estarías leyendo 4 libros al año!

La razón principal por la que la gente se rinde en su camino hacia el éxito es porque se olvidan del efecto compuesto. Toman buenas decisiones durante una semana o dos semanas, y cuando ven que aún no han alcanzado sus metas, creen que no está funcionando. La realidad es que ser parte del 3% es un proceso, y los procesos toman tiempo. Si terminas de leer tres páginas de un libro y todavía no encuentras la solución a tus problemas, esto no quiere decir que el libro no esté ayudando, ¡quiere decir que tienes que seguir leyendo!

Hablando de seguir leyendo,
¡acompáñanos al siguiente capítulo!

Capítulo 10
El poder del equipo

Tus características personales son muy importantes a la hora de llegar al éxito. El amor propio, la perseverancia y la autodisciplina son condiciones casi obligatorias para el éxito. Aún así, por mucho que hayas trabajado en ti misma, aunque cuentes con diversos talentos y habilidades, es muy difícil que logres tus objetivos sola.

Ya te contamos en varias partes de este libro acerca del elemento más importante del *network marketing*: las redes de personas. Una red de personas, en la que cada quien ha desarrollado su máximo potencial, es una herramienta poderosísima. El *network marketing* no sería lo que es sin las redes de asociados que son las que nos dan la posibilidad de generar ingresos residuales. Sin el trabajo en equipo, el *network marketing* sería solo "ventas".

De hecho, una de las cosas que más nos gusta del *network marketing* es que promueve la cooperación en lugar del individualismo. Son pocas las empresas hoy en día que ponen énfasis en el éxito colectivo en lugar del éxito individual.

¿Pero sabes qué? A lo largo de la historia, quienes más han triunfado son las personas que saben cómo unirse con otras, en lugar de competir.

Cuando colaboramos, compartimos ideas, nos inspiramos mutuamente y podemos mejorar aspectos que no están funcionando tanto. Es mucho más sencillo avanzar estando acompañadas que solas, y solo las uniones de personas pueden dar nacimiento a ideas que verdaderamente cambian el mundo.

Muchos inventos y creaciones revolucionarias han nacido de la unión de dos o más personas trabajando juntas. Los primeros aviones fueron creados por un equipo de dos hermanos, Willbur y Orville Wright. Rosalind Franklin, James Watson y Francis Crick fueron tres científicos, cada uno con una altísima inteligencia personal, pero fue solo la unión de todos ellos lo que les permitió descubrir la estructura del ADN de los humanos. La famosa empresa de helados *Ben & Jerry's* no sería lo mismo si no hubiera sido formada por dos hombres, cada uno con intereses culinarios muy diferentes. Uno de los fundadores, Ben Cohen, quería ofrecer helados con texturas interesantes: trozos grandes de chocolate, nueces, pedazos de caramelo y frutos secos. Por otro lado, a Jerry Greenfield le interesaba crear un menú con sabores poco comunes, como menta, plátano o crema de maní. Gracias a la unión de los dos, hoy podemos disfrutar los deliciosos helados de esta compañía.

¿Por qué si es tan importante trabajar en equipo, a veces sentimos que tenemos que hacerlo todo solas? Si has llegado a sentir que todos tus logros, para que sean válidos, tienen que ser personales, o si te cuesta trabajo pensar en pedir ayuda, no es que seas una persona egoísta o poco inteligente. ¡Gran parte de nuestra cultura nos enseña –equivocadamente- que hacer las cosas sola es mejor que en equipo!

El mito del individualismo

Nuestra sociedad se guía por la ideología liberal. Esta filosofía colectiva de vida, que surgió hace unos 200 años durante el periodo histórico que se conoce como *Ilustración*, defiende valores como la igualdad de todos ante la ley, el derecho a la propiedad privada y el libre mercado.

Suena bien, ¿no? Gracias al Liberalismo tenemos gobiernos en donde el poder, en lugar de estar concentrado solo en el rey, se distribuye entre el poder ejecutivo, legislativo y judicial. Las constituciones en donde se plasman nuestros Derechos Humanos son también un beneficio de la ideología liberal, así como la libertad para elegir la religión que más nos guste y el derecho a ejercer la profesión que queramos.

Definitivamente el Liberalismo nos ha traído cosas muy buenas. Sin embargo, todas las filosofías de vida tienen, a su vez, algunos aspectos negativos. En el caso de la ideología liberal, una de las ideas que nos parecen menos deseables es la del extremo individualismo.

La idea del extremo individualismo dice que el destino de cada persona está únicamente en sus propias manos, sin tomar en cuenta como todos los que nos rodean influyen en nuestra vida. En Estados Unidos existe la expresión *self-made man* -el hombre que se hace a sí mismo- que ejemplifica muy bien esta manera de concebir el mundo.

El esfuerzo individual es importante, no cabe ninguna duda. Lo que queremos decir es que los esfuerzos sumados se multiplican y que en la colaboración y en la solidaridad, es como alcanzamos nuestros mayores logros. De hecho, por más que queramos, ¡es imposible hacer todo solas! El simple hecho de encender una luz es algo que hacemos colectivamente, aunque parezca que es una sola persona la que acciona el interruptor. Detrás de esa luz que se prende hay todo un equipo de personas, instituciones y hasta gobiernos que hacen funcionar la red de generación y distribución de energía.

En el 2020, *Netflix* sacó la serie *Madam C. J. Walker: Una mujer hecha a sí misma* en donde se relata la historia de una lavandera afroamericana que fundó un imperio de productos para el cabello, convirtiéndose así en la primera mujer millonaria por esfuerzo propio. La creatividad, autodisciplina, valentía y perseverancia de Sarah Walker son innegables. Sin embargo, tampoco podemos perder de vista los factores que la ayudaron a tener éxito. En primer lugar, Sarah contó -de forma indirecta- con la ayuda de miles de hombres y mujeres que lucharon por la Proclamación de Emancipación, la cual le dio la libertad a 3.5 millones de esclavos afroamericanos. Sarah fue la primera mujer en su familia que nació en libertad, lo cual le ayudó a poder contar con una educación básica. De forma más directa, Madam Walker contó que tuvo el apoyo de su esposo Charles, quien trabajaba para la sección de publicidad en un periódico y se encargó de impulsar la venta de los productos que Sarah desarrollaba.

Sarah también tuvo la ayuda de amigas que probaban sus fórmulas para el cabello, de familiares que la apoyaban cuidando a sus hijos y de patrocinadores que la cobijaron económicamente. Con esto, no queremos restarle importancia a los méritos que esta empresaria consiguió con su arduo trabajo. Más bien, queremos que sepas que, si quieres crear una vida de éxito para ti misma, no tienes por qué hacerlo sola. ¡Nadie -en la historia de la humanidad- ha logrado sus objetivos sin algún tipo de ayuda!

Darnos cuenta de esto, lejos de volvernos unas personas flojas o menos comprometidas, nos hizo ponernos a trabajar el doble. En primer lugar, invirtiendo en nuestra propia preparación, leyendo libros, asistiendo a cursos y capacitándonos, y en segundo lugar, buscando activamente crear una comunidad de personas que nos ayudaran, pero también a quien nosotras pudiéramos ayudar.

Cómo trabajar en equipo dentro del network marketing

En el capítulo anterior nos enfocamos en describir las cualidades personales que tienes que tener para ser un miembro valioso de tu equipo. Ahora es momento de que tomes esas virtudes que desarrollaste y las pongas al servicio de otras personas. Todo muy bien hasta aquí, ¿no?

"Pero Regina, Atziry, ¡yo no tengo un equipo!" Esta es una de las frases que más escuchamos cuando le contamos a las personas que tienen que formar una red de asociados si quieren empezar a ganar ingresos residuales. La mayoría de las personas entienden la importancia de crear redes, pero no saben cómo hacerlo. Si ese es tu caso, ¡no te preocupes! Por eso escribimos este libro, para ayudarte con todos los pasos necesarios para tener éxito y alcanzar la libertad financiera.

Lo primero que tienes que hacer para empezar a formar tu equipo es invitar a la gente. Para hacerlo, necesitas de las estrategias correctas. La emoción y el entusiasmo no son suficientes al momento de invitar –o prospectar- como decimos en los negocios de *network marketing*. Hace cinco años, cuando empezábamos a prosperar, la respuesta más común de la gente era de rechazo.

Todos los que nos dedicamos al *network marketing* estamos familiarizados con el rechazo. Que la gente diga "no" es nuestro pan de cada día. Tal vez las personas a quienes invitamos no están listas para empezar su propio negocio, tal vez no les interesa, les gusta mucho su empleo de tiempo completo, no les llama la atención la línea de productos que les ofrecemos... La lista de razones por las que la gente dice que no podría ser infinita. El rechazo es muy normal. Sin embargo, con las estrategias correctas puedes lograr que más gente te diga que sí en lugar de no.

No quieras convencer, busca cómo resolver problemas

En nuestra experiencia, una de las principales razones por las que la gente rechazaba nuestra invitación a conocer más acerca de nuestra empresa de *network marketing*, era que les generábamos las emociones incorrectas. Las personas tomamos decisiones con base en nuestras emociones, más que por la lógica. Por esto, ¡es importantísimo que en cada invitación que hagamos sepamos cómo generar las emociones correctas!

Si tú llegas con alguien y le empiezas a hablar de lo buenos que son los productos de la empresa, los maravillosos que son los bonos y los ingresos residuales, lo más probable es que generes sentimientos negativos, porque la persona siente que la estás tratando de convencer. Convencer es un intento por imponer algo, y a nadie le gusta eso, ¿verdad? Si te acercas con el propósito de convencer, lo más probable es que la gente te responda con frases como "ahorita no, gracias", "en otro momento", "no me interesa".

En lugar de convencer, te recomendamos que te acerques a la gente con la intención de resolver sus problemas. Por ejemplo, imagínate que te acercas a una joven mamá soltera que quiere generar ingresos extras desde casa para poder estar con su hijo, en lugar de tener que llevarlo a una guardería. Si tú te acercas e intentas convencerla de unirse a tu equipo, contándole de todos los incentivos económicos, los viajes y las capacitaciones que ofrece la compañía, a ella no le va a interesar. Esta mamá soltera está buscando una sola cosa: quedarse en casa con su hijo. Tienes que ofrecerle justo eso.

Ahora imagina que mejor te acercas a esta posible asociada y le dices: "te ofrezco la oportunidad de que generes ingresos desde tu casa, para que puedas convivir más tiempo con tu hijo". ¿Cuál crees que sea su respuesta?

Seguramente se mostrará mucho más interesada si te acercas a ella buscando resolver SU problema en específico. Al prospectar, tienes que enfocar tu mensaje para que este sea la solución que había estado buscando a su problema, y logres generar sentimientos positivos como confianza, afinidad, seguridad y el deseo de asociarse contigo.

Una buena prospección se logra cuando sabes escuchar y logras obtener información específica del cliente. A nosotras nos gusta mucho el refrán que dice "preguntando se llega a Roma". Es decir, si quieres conocer a profundidad es la persona a la que te estás dirigiendo, ¡tienes que hacer preguntas! Qué busca, cuáles son sus metas, por qué tiene esas metas y no otras... Solamente preguntando y escuchando con atención puedes lograr saber qué es lo que quiere la otra persona, y entender cómo sus problemas están vinculados a tu producto y oportunidad de negocios.

Todas las personas tienen problemas y necesidades. Desde la mamá que quiere quedarse en casa, el empleado que sueña con poner su propio negocio de baja inversión, hasta el estudiante que busca generar un "dinerito extra". Si prestas atención, te darás cuenta de cómo tu negocio puede ayudar a cada una de estas personas.

Solo recuerda, aunque tu negocio tenga el potencial de resolver distintos problemas, al acercarte a las personas tienes que enfocarte en SU problema específico. Si estás hablando con la mamá, enfócate en compartirle cómo el *network marketing* la puede ayudar a quedarse en casa con su hijo. ¡No le hables de la posibilidad de hacer viajes a la playa si sus resultados son buenos! ¡A ella eso no le interesa! A quién sí le pueden interesar los viajes, en cambio, es a la estudiante. A ella le puedes hablar de la posibilidad de conocer nuevas personas y de viajar. No le vayas a decir cómo el *network marketing* le permite quedarse en casa, ¡porque eso no es lo que está buscando!

Qué hacer cuando alguien te dice "no me gustan las ventas"

Supongo como una ama que te acercaste a la mamá soltera, identificaste su necesidad de quedarse en casa con su hijo y le contaste que uniéndose a tu equipo puede generar ingresos desde su hogar. Ella se ve muy interesada, pero de repente te pregunta: "¿Voy a tener que hacer ventas? ¡Yo no soy buena para vender!"

¡Oh, no! Acabas de toparte con uno de los obstáculos más grandes a la hora de formar tu equipo de *network marketing*: el miedo a las ventas. No querer vender es una de las causas más comunes por las que la gente no quiere unirse a este tipo de negocios. Sin embargo, te tenemos una buena noticia que puedes compartir con cualquier persona que este dudando en unirse a tu equipo. El *network marketing* no se trata de vender, se trata de resolver las necesidades de la gente.

¡Sí, así como te lo explicamos en la sección anterior! De la misma manera en que no te vas a acercar a las personas queriéndolas convencer de que se unan a tu equipo, las personas que formen parte de tu red no se van a acercar a los clientes intentando convencerlos de que compren o se unan al *network marketing*. Nunca se trata de vender o convencer, siempre es resolver necesidades.

Una de las frases con más sabiduría de vida que hemos escuchado es: "Recuerda que tienes que trabajar desde la necesidad de las personas, no de la tuya".

Cuando iniciamos un negocio, sobre todo si lo hacemos empujadas por una carencia económica que queremos superar, estamos constantemente pensando en nuestras propias necesidades. Nos enfocamos en la cantidad de productos que tenemos que vender para que nos alcance la despensa de esa semana, o nos enfocamos en las metas que debemos cumplir para lograr ganarnos un viaje o un bono. No tiene nada de malo ver el negocio desde tu perspectiva. Al final de cuentas, ¡tú eres la que lo está llevando a cabo! Pero una de las mejores maneras de asegurarte el éxito es tener muy presente que lo que tú vas a hacer es cubrir necesidades de la gente.

Para crecer en cualquier empresa, tienes que buscar la necesidad del cliente, no la tuya como primera intención. Al momento de encontrar esa necesidad y cubrirla, tienes un negocio que te va a empezar a redituar.

"¡¿Qué estás tomando Atziry! ¡te ves súper bien!" ¿Recuerdas que te conté que yo vivía cansada y estresada? En el momento en que logré resolver esa necesidad, la gente me empezó a pedir consejos y recomendaciones. Y yo, claro, les contaba de los productos que estaba tomando y los invitaba a conocer la empresa. Cuando empecé a escuchar como mis amigos y familiares me contaban sus padecimientos, pensé "¿cuánta gente no duerme?" A partir de ese momento, cuando me encontraba frente a un potencial cliente, en lugar de enseñarle mis productos, le preguntaba "¿Y tú por qué no duermes? Platícame tu día". De esa forma empiezas a hacer conexiones reales con la gente para saber sus necesidades.

Cuando menos me lo esperaba, vi que ya tenía un negocio muy bonito, basado en la necesidad del cliente, más que la mía. Me empezó apasionar que mis familiares y amigos durmieran mejor, se les viera bien la piel, que les creciera el cabello.

Esa pasión que tienes por tus clientes se nota y se transmite, y a la larga es la mejor publicidad que le puedes dar a tu negocio.

La importancia de los negocios conscientes

Uno de los pilares que sostiene nuestro negocio es saber que el verdadero propósito de los empresarios y empresarias es producir riqueza que beneficie a todos. Cuando empezamos nuestro proceso de desarrollo personal, es muy importante saber que esta "mejor versión" nos va a beneficiar a nosotras mismas, y también a los demás.

Esto nos lleva al concepto de los negocios conscientes. Un negocio consciente es aquél que sabe que sus acciones tienen un impacto en los demás y en su entorno. Por esto, alinean de forma pro-activa a sus organizaciones, para proporcionar un valor positivo a todos sus asociados. Las empresas conscientes están interesadas en el bienestar de todos los que la conforman y al mismo tiempo saben generar ganancias.

Las empresas conscientes, al mismo tiempo que generan dinero, se centran en su propósito más allá de las ganancias. Todos necesitamos significado y propósito en nuestras vidas; es lo que nos activa y nos motiva, nos impulsa a levantarnos por la mañana, nos sostiene cuando los tiempos se ponen difíciles y sirve como una estrella para guiarnos cuando nos desviamos del rumbo.

Si alguien llegara y nos preguntara, "Atziry, Regina, ¿cuál es su propósito como empresarias dentro del *network marketing?"* Sin dudarlo, nuestra respuesta sería que queremos ser líderes que sirven, en lugar de ser líderes que buscan ser servidas.

¿Qué es eso del "líder que sirve"? Verás, en 1970, un *manager* llamado Robert Greenleaf, que trabajaba desarrollando equipos en la empresa AT&T escribió un ensayo que tituló "El sirviente como líder" en el que decía que el mejor líder es el que centra su atención en el desarrollo del potencial de las personas que integran el equipo de trabajo. En su ensayo, él lo explica así:

"Todo empieza con la voluntad de servir. Cuando esta decisión de servir a los demás se toma de manera consciente, entonces surge como consecuencia el deseo de ser líder. La persona que busca servir es muy diferente a la persona que busca únicamente ser líder, porque esta última puede estar motivada simplemente por el amor al poder o querer tener muchas ganancias materiales. La diferencia entre estos dos líderes es que el "líder que sirve" tiene como prioridad atender las necesidades de las personas de su equipo. En lugar de preguntarse "¿cómo mi equipo hace que creza? ¿cómo mi equipo hace crecer mis ganancias?"; se pregunta "¿cómo estoy ayudando a que todos en mi equipo crezcan?".

Robert Greenleaf trabajó durante 38 años dando capacitaciones y desarrollando equipos en AT&T, así como otras 200 empresas más pequeñas relacionadas con la primera. Aún después de retirarse, los *managers* y CEO´s solicitaban sus servicios de consultoría, porque sabían que Robert Greenleaf predicaba un mensaje muy poderoso: las organizaciones que más éxito tienen son aquellas en donde los líderes se enfocan en apoyar y acompañar a las personas de su equipo.

Personalmente, a nosotras nos da muchísimo gusto formar parte de una empresa que alienta a todos sus miembros a ser "líderes que sirven". Gracias a esta filosofía, hemos visto muchísimos casos de éxito entre gente que se une a nuestro equipo. Y claro, no podemos dejar de decir que nosotras, aunque somos líderes, también somos parte del equipo de alguien más. Somos lo que somos hoy porque tuvimos la fortuna de entrar en contacto con otros "líderes que sirven", que hicieron de nuestro bienestar una prioridad, por encima de su fama o ganancias económicas.

Ser un líder que sirve no solo se trata de ver por tus ganancias económicas inmediatas. Se trata de ayudar a los demás y dejar un legado. Cuando nos enteramos que nuestro negocio de *network marketing* era heredable, y que tanto nosotras como nuestros asociados podíamos "servir" a nuestros hijos, dejándoles esa herencia, terminamos de conectar con la visión de este modelo de negocios. Estamos enamoradas de una profesión y una empresa que nos permite ser el tipo de líderes que queremos ser; que transcienden dejándole bienestar al mundo.

Capítulo 11

¿Estas lista para ser una verdadera profesional?

Seguramente conoces a alguien que se dedique al *network marketing* y estarás pensando que no tiene el éxito del que te hemos platicado en este libro. En este capítulo te vamos a decir qué es lo que necesitas para tener el éxito que nosotras, y muchas otras personas, han logrado dentro de este negocio.

Lo que necesitas es, sencillamente, querer ser una profesional. Si quieres tener éxito, ¡no puedes ser nada menos que eso! Pero, ¿qué significa ser profesional? Para explicártelo, vamos a contarte acerca de unos de nuestros libros favoritos: *Go pro: 7 pasos para convertirte en un profesional del mercadeo en red,* de Eric Worre.

Eric Worre es uno de los expertos más reconocidos en la industria del *network marketing*, y ha capacitado a cientos de miles de organizaciones de ventas alrededor del mundo. En su libro describe a tres categorías de personas que existen dentro del *network marketing:* los impostores, los amateurs y los profesionales.

Los impostores son los que tratan la profesión como un boleto de lotería. Piensan que pueden, con suerte, ganar mucho dinero con el menor esfuerzo posible, y tienen la idea incorrecta de que el *network marketing* es acerca de ganar "dinero fácil". Los amateurs son quienes trabajan en este negocio esperando algo de suerte. Creen que su éxito depende de si entraron o no en un buen momento, o si tienen una buena posición dentro de la organización. A diferencia de los impostores, los amateurs saben que hay que trabajar y esforzarse, pero lo hacen "a medias".

Los expertos o profesionales son quienes poseen todas las habilidades necesarias para tener una organización grande y exitosa. Los que tienen un gran éxito son quienes desarrollaron todas las cualidades de las que te hablamos en los capítulos pasados, tanto personales como de equipo, y las aplican constantemente en su trabajo. Los profesionales saben que el *network marketing* es una gran industria, pero no es una oportunidad de ganar "dinero fácil". Por eso, deciden ser parte del 3% y se esfuerzan cada día para lograr con sus acciones un efecto compuesto que finalmente los lleve hasta su meta.

Suena bien ser un profesional, ¿no? La mayoría de la gente que inicia un negocio lo emprende como amateur. Sin embargo, muchas veces las personas llegamos a un punto de nuestras vidas que se cambia todo. Nosotras le llamamos el "punto de quiebre".

Neni, seguro recuerdas cuando te conté que mi esposo se había tenido que ir a trabajar a Estados Unidos. Para mí, ese fue el inicio de mi punto de quiebre, porque no soportaba la idea de que mi familia estuviera separada.

Aunque queríamos vernos, teníamos el dinero muy justo, lo que no nos permitía viajar. Nos hubiera encantado vernos, al menos en fechas especiales como Año Nuevo o Navidad, pero esas eran las fechas en donde yo recibía más pedidos de postres y pasteles.

Mi esposo se perdió muchos eventos como las primeras caídas de mis hijos, sus cumpleaños... Me rompía el corazón, se hacía pedazos cuando me encontraba a mis hijos pequeños abrazando la foto de su papá, preguntándole "¿porque te fuiste, papi?"

Yo soñaba con tener a mi familia unida. Cada vez me acercaba más al punto de quiebre, en donde decidí que iba a hacer lo que fuera por mejorar mi vida. Este punto llegó cuando, como ya te había contado, mi hijo se rompió el brazo.

Cuando pensé "¿cómo vamos a pagar esto?" en lugar de pensar en la salud de él, vi que algo no estaba bien en mi vida y que tenía que cambiar.

Poco tiempo después de este accidente me inscribí como asociada en la empresa de la que hoy soy parte y empecé mi negocio de *network marketing*. La verdad, Neni, es que desde que inicié con el *network marketing* lo hice con la mentalidad de ser una profesional. Esto no fue porque yo sea mejor que tú ni que otras personas. Simplemente yo ya había vivido muchos años como amateur, vendiendo productos por catálogo, y cuando llegué a mi punto de quiebre, el *network marketing* fue la oportunidad que encontré para volver a empezar un negocio con la actitud correcta. Gracias a que yo sabía que tenía que prepararme muchísimo, educarme constantemente y mantener una disciplina de trabajo, logré llegar a mis metas, casi a la par de los tiempos que describe Eric Worre en su libro.

Según Eric Worre, si tienes la motivación de ser un profesional desde el inicio, te tomará un año ser competente en el *network marketing*. Esto es, conocer los conceptos básicos y desarrollar las habilidades principales de liderazgo y ventas. Te tomará tres años trabajar medio tiempo para que finalmente tengas la libertad de decidir si quieres dedicarte a esta profesión de tiempo completo. En mi caso, este fue más o menos el tiempo que me tomó tener las ganancias suficientes para volver a reunir a mi familia.

A pesar de que a los tres años ya tengas ingresos estables, será hasta los cinco años que podrás tener ingresos anuales de seis cifras. Finalmente, después de siete años de dedicarte con constancia al *network marketing*, puedes decir con toda seguridad que ya eres una profesional.

Si no hubiera tenido la intención de ser una profesional, tal vez me hubiera ido bien un par de meses, pero mi negocio se hubiera caído ante la primera dificultad. O podría ser también, si trabajara con una actitud de amateur o de impostora, que siguiera con mi negocio hasta hoy en día, pero que este representara para mí solo un "dinerito extra". Para mí, toda la diferencia la marcó el Deseo Ardiente.

¿Qué es esto?

El Deseo Ardiente es un fuego que sientes en tu interior que te incita a superar todos los obstáculos y no rendirte, porque sabes que mereces una vida con más abundancia en todos los sentidos: abundancia de dinero, de tiempo, de amistades y de amor.

Si tú sientes dentro de ti este Deseo Ardiente, la mejor manera de cultivarlo y aprovecharlo es siguiendo el plan que nos comparte Eric Worre para convertirte una profesional:

- Haz un plan.
- Apégate al él y llévalo a cabo de manera consistente.
- Revisa y corrige las cosas que puedes mejorar de tu plan.
- Repite el proceso.

Así que ya sabes, Neni. Ya leíste en los capítulos pasados todo lo que necesitas para ser exitosa en tu negocio. Lo único que falta es hacer todo con la actitud correcta: la de una profesional.

"¡Regina, creo que me está dando un infarto!". Estas fueran las palabras que escuché decir a mi esposo, Ramón, que desataron lo que sería para mí el punto de quiebre. Estábamos en casa de mi mamá un domingo, mis hijos tendrían como 8 meses y estábamos los cuatro en una colcha en el jardín, jugando y enseñándolos a gatear. De pronto, Ramón se levantó y se puso rojo, casi morado de la cara. No podía respirar y le latía el corazón como si se le fuera a salir del pecho. ¡Mil ideas y pensamientos pasaron por mi cabeza en ese momento! Gracias a Dios se logró calmar, se relajó, tomó agua y regresó a la normalidad.

Al día siguiente hicimos cita de urgencia con el cardiólogo, quien lo recibió, le hizo unos estudios y determinó que tenía Estenosis Aórtica. Si te preguntaste

"¡¿Una Estenosis qué?!", yo estaba igual, al principio no entendía nada, pero el doctor nos explicó que las válvulas del corazón se habían calcificado y que eso hacía que no pasara correctamente la sangre. La situación era grave y había que hacer una cirugía a corazón abierto.

Yo tenía 36 años, mis cuates 8 meses y la cabeza me explotaba con preguntas como: ¿Qué voy a hacer? ¿Qué va a pasar? ¿Cómo vamos a pagar la operación? ¿Qué voy a hacer con mis hijos mientras esté Ramón en el hospital?

¿Qué pasaría si no logra sobrevivir? ¿De qué vamos a vivir?

Este justo fue mi punto de quiebre. Ya no estaba jugando a tener un negocio y generar dinero para mis cosas, ahora se trababa de volverme profesional, ya que definitivamente mi vida dependía de esto, y el *network marketing* era la oportunidad que tanto había estado buscando. Así que decidí volverme profesional: estudié, leí y me empecé a comportar como la líder de la organización que quería tener. Dediqué gran parte de mi tiempo en apoyar a mi equipo, guiarlo y enseñarle cómo lograr sus objetivos, y decidí aferrarme a esta oportunidad como si fuera un clavo ardiendo. Yo necesitaba salir adelante sin depender de nadie y poder darles seguridad a mis hijos, y sabía que solo siendo una profesional iba a poder lograrlo.

El día que internamos a Ramón en el hospital yo tenía una meta muy clara que cumplir: llegar a un rango más alto del que me encontraba en ese momento.

Mientras a Ramón lo llevaban y traían de estudios, yo seguía contactando gente, haciendo inscripciones y metiendo pedidos. Finalmente entró a cirugía. Mi corazón estaba angustiado, pero mi cabeza estaba ocupada con el objetivo que tenía que cumplir.

Después de lo que pareció una eternidad, salió una enfermera y nos dijo que la operación había sido un éxito. ¡Ramón estaba bien, lo había logrado! ¿Sabes qué logramos también ese día, Neni?

Ramón, con mi ayuda, llegó al rango en donde inicias con el negocio y yo alcancé un rango más alto.

La recuperación de Ramón fue fantástica, en gran parte gracias a la maravillosa nutrición que él tenía, por consumir suplementos de la mejor calidad. Nos habían dicho que nos preparáramos para estar tres semanas en el hospital. ¡Yo cargué hasta con la cafetera! Cual fue nuestra sorpresa que a los nueve días lo dieron de alta y lo mandaron a casa, con el cardiólogo sorprendido por la buena evolución que tuvo después de la cirugía.

A partir de ahí mi negocio se fue al cielo. En octubre del 2017 logré llegar al top 1 generador de ingresos por primera vez, y dese entonces siempre me he mantenido en el primer o segundo lugar. Esto no lo cuento como presunción. Más bien, te lo comparto porque quiero que sepas que al volverte profesional y tomar este negocio como un trabajo serio, el resultado siempre será exitoso. Así que, si conoces a muchas personas a quienes no les ha ido bien dentro de este tipo de negocios, pregúntate si de verdad lo han hecho de forma profesional, o solo se han comportado como amateurs o impostores.

Darren Hardy, un publicista que después se convirtió en un empresario muy exitoso, nos dio el mejor de los consejos:

"Si estás haciendo lo que tienes que hacer, si estás trabajando y eres disciplinado, si ya te volviste un profesional en tu negocio, ahora solo necesitas darle tiempo".

Muchas personas fracasan porque se rinden antes de encontrar el cofre del tesoro... aunque a lo mejor estaban muy cerca.

Cada quien va desarrollando su negocio al ritmo que crecen como persona. Esto quiere decir que los tiempos de cada quien son únicos. Si sabes que estás haciendo las cosas como una verdadera profesional, NO TE RINDAS, estamos seguras que tu éxito llegará.

Por último, queremos recordarte cuáles son todos los pasos que tienes que seguir para convertirte en una súper neni con el potencial de volverse millonaria.

1. Ubica en qué cuadrante estás actualmente. ¿Te encuentras en el cuadrante izquierdo, en donde está solamente el 2% del dinero? ¿O te estás en el cuadrante derecho, donde encontramos el 98% del dinero?

2. Una vez que ubiques tu cuadrante, si te encuentras en el izquierdo –eres empleada o auto empleada- tu primer objetivo tiene que ser ubicarte en el lado derecho, en donde está el 98% del dinero y tendrás la posibilidad de generar ganancias residuales.

3. En el lado derecho del cuadrante serás dueña de un sistema. ¡Elige bien el sistema en el que vas a invertir! En este libro nosotras te recomendamos que busques empresas de *network marketing* que se adapten a tus necesidades.

4. Para tener éxito dentro del *network marketing* o de cualquier otro sistema, no olvides desarrollar continuamente las siguientes características personales:
   - El amor propio.
   - La resiliencia.
   - No dejarte vencer por el rechazo.
   - La autodisciplina.
   - La mentalidad del 3% y el efecto compuesto.

5. También es importantísimo que sepas manejar de manera correcta tu dinero:
   - Aunque tu negocio sea pequeño, compórtate como la CEO de una gran empresa.
   - Establece el valor de tu hora de trabajo.

- Cobra una cantidad justa por tu trabajo, tomando en cuenta lo que gastas en materiales y envíos, agregando siempre al precio final el costo de tu hora de trabajo.
- Registra todos los gastos de tu negocio y separa tus finanzas personales de las de tu negocio.
- Ahorra mínimo el 10% de tus ganancias netas.

6. Importantísimo: recuerda que no vas a hacer esto sola, sino en equipo. Ninguna gran empresa ha triunfado sin ayuda ni sin el poder de la colaboración. ¡La tuya no será la excepción!

7. Escucha atentamente y busca siempre resolver problemas antes que convencer.

8. Busca convertirte en una líder que sirve a los demás.

9. Por último, ¡decídete a ser una profesional!

Capítulo 12
Nuestra vida hoy

En estos casi seis años de trabajo en el *network marketing* hemos aprendido un millón de cosas. Te podemos decir con mucha emoción que las mujeres que iniciamos en esta empresa no son las mismas al día de hoy hoy. Estamos seguras que veremos nacer unas nuevas versiones de nosotras mismas con el paso de los años.

Hoy, tenemos la estabilidad económica y la libertad financiera que tanto deseábamos. Además, el desarrollo y el crecimiento personal se han convertido en lo que más amamos de esta empresa.

Emily Vavra, una de las líderes internacionales más importantes de la compañía –y que recientemente apareció en la portada de la revista Forbes- dice que las empresas de *network marketing* somos una incubadora de desarrollo personal. Mientras vamos generando un negocio millonario, también vamos convirtiendo nuestro corazón en oro.

Con esto te queremos decir que mientras más te dediques a servir y a ayudar a las personas, a genuinamente ser tú, como consecuencia tendrás un cheque más grande. Cuando esto empiece a suceder, el monto de dinero ya no tendrá la misma importancia que tenía en un inicio.

Hoy nuestras experiencias son totalmente distintas a cuando iniciamos. Tenemos viajes, libertad, nuevos amigos y estamos creando nuevas historias con nuestras familias. Disfrutamos de cosas que antes ni soñando alcanzábamos a dimensionar y sabemos que la abundancia llegó para quedarse. Ahora, nos toca devolver ese favor al Universo, y de verdad, estamos comprometidas con que tú y tu familia tengan esta misma historia, ¡o aún mejor que la nuestra!

Estamos muy agradecidas de encontrarnos en el camino a mujeres que se apoyan y se empoderan unas a otras, y esperamos un día a ti también te toque devolver el favor a alguien más.

Un agradecimiento especial a nuestro equipo y nuestros clientes

Todo esto no podría darse sin el apoyo de un equipo. Tenemos la fortuna y la gran bendición de contar con un equipo tan maravilloso que podría seguir mencionando ejemplos y contando historias de cada uno de ellos. Sin embargo, lo que más queremos hacer en este momento es AGRADECERLES, primero que nada, su confianza y

Segundo, por el apoyo que siempre hemos recibido de ellos. Son nuestra inspiración más grande y la ilusión de verlos crecer y lograr sus sueños es lo que nos despierta cada mañana.

Con el *network marketing,* hemos convertido a nuestro equipo de trabajo en una familia. Entre todos nos admiramos, nos apoyamos y vemos como las habilidades de cada quien se pueden sumar a las necesidades del equipo. Este maravilloso trabajo en equipo es lo que nos ha permitido a los dos ser el Top 1 y Top 2 del país. A veces una de nosotras es la número uno, y luego este lugar lo ocupa la otra. ¡Nos vamos pasando la estafeta! Nuestros negocios son los dos mejores de México en nuestra empresa y estamos eternamente agradecidas con todos quienes nos ayudaron a lograrlo.

A mí, Regina, algo que me encanta de este negocio es que te da la posibilidad de reencontrarte con personas que hace tiempo no veías, como fue el caso con mi amiga de la universidad, Itzel, que fue una de las primeras personas en creer en mí y consumir los productos de la compañía, y después se convirtió en asociada. Ahora lo hacemos juntas y amo ver cómo nuestra amistad se ha fortalecido, al tiempo que su negocio crece día con día.

También me gusta muchísimo que, a través de los productos de nuestra empresa, podemos ayudar a quienes buscan mejorar su salud, como fue el caso de Miriam, quien me contactó buscando la solución a un problema.

Después de invitarla a un evento de nenis, quedó encantada y hoy tiene un negocio en sólido crecimiento.

Así mismo, agradezco que los equipos que formamos en esta empresa no solo son compañeros de trabajo, sino familia.

Hace un año vivimos una situación muy difícil cuando -estando nosotros de vacaciones- entraron a robar a nuestra casa, por lo que tomamos la decisión de irnos de Cuernavaca y mudarnos a Querétaro. Queríamos que nuestros hijos pudieran salir al parque, andar en bicicleta y estar en la calle sin miedo. Al mismo tiempo sabíamos que cambiarnos de ciudad significa dejar atrás a familiares, amigos, compañeros de equipo...

Algo que nos ayudó muchísimo a adaptarnos a la nueva ciudad fue que parte de nuestro equipo de nuestra red de *network marketing* radicaba en Querétaro. Fue así como construí una relación muy bonita con Lore y Vane, a quienes antes solo había conocido en los entrenamientos y reuniones de equipo.

Hoy, hacemos planes juntas, tomamos café y nuestras familias conviven. Lo mejor de todo es que sus negocios, igual que el mío, están creciendo cada día más. Definitivamente es algo que no tiene precio.

También me gustaría agradecer de una manera muy especial a Hilda, que me acompañó en todo momento mientras Ramón estaba en terapia intensiva, después de su operación. Hilda, ¡siempre voy a estar agradecida contigo por haber estado conmigo en ese momento de mi vida y por el gran apoyo que fuiste para mí! Amo saber que hoy somos socias y que tu negocio crecerá y lograrás cumplir todos y cada uno de tus sueños. Eres una persona extraordinaria. ¡Te lo mereces!

Igualmente, gracias Rosina por ser mi apoyo incondicional, por todo tu esfuerzo y trabajo, y por siempre hacerme sentir mejor cuando las cosas se ponen difíciles. Sin ti, no podríamos haber logrado lo que hemos logrado.

Podría escribir páginas y páginas contándote acerca de las miles de personas maravillosas con las que he tenido la oportunidad de trabajar como Cecy, Pam, Lydia, Maura y Laura. Y claro, es imposible dejar atrás a la gente con quien no trabajo, pero que son consumidores de los productos y convivimos de manera cercana. Mis "clientas" son personas hermosas que me llenan de amor y agradecimiento, mismo que siento hacia ellas, por su confianza en mí y en los productos de nuestra compañía, que las han transformado en personas diferentes a lo que yo conocí.

En mi caso, Atziry, tengo tanto que agradecer, primero a Dios, nuevamente, porque Él es mi principal socio de negocios. Yo sólo administro, pero Él me pone las puertas abiertas todos los días.

También a mi equipo maravilloso, a esos seres humanos que iniciaron, igual que yo, con miedos y con incertidumbre, pero también con esperanza. Agradezco a Samantha G, quien me alojaba en su casa mientras yo no tenía cómo pagar hotel para ir a mis eventos en la Ciudad de México. Evelyn, Rosalinda, y a los que están conmigo desde un inicio, les doy las gracias porque aprendimos juntas y me tuvieron la paciencia cuando yo no sabía guiarlas de la mejor manera. Mis asociados doctores y médicos especialistas que salvan vidas todos los días en los hospitales, y que ahora también son *networkers* en mi equipo, ustedes me enseñan que todo se puede lograr si te organizas, y que el resultado depende de uno mismo.

Todos mis líderes, que son muchísimos y no quiero perderme a ninguno, gracias por ser mis maestros, aprendo todos los días de sus talentos. Agradezco a mi *coach* Carol Elizabeth, de Canadá, que un día vio en su sistema que había alguien de México trabajando duro y me ofreció su guía y apoyo, así como a Susan Miller, que ese día en Bahamas cambió mi perspectiva.

Queremos agradecer también a todos y cada uno de nuestros clientes. Amistades, familia o quienes nos conocieron a través de nuestras publicaciones en redes sociales o grupos de nenis y mamis emprendedoras. Nos encanta compartir con ustedes historias y amistades.

Ustedes creyeron en nosotras y han confiado en nuestra guía, logrando resultados maravillosos en su bienestar y su salud. ¡Cada día nos motivan a ser mejores!

Y tú, Neni, gracias por no rendirte en esta pandemia, gracias por tu historia que, a lo lejos, me inspira a ser mejor cada día.

Quiero que sepas algo, YO TE VEO, y eres admirada y querida. ¡Lo estás haciendo excelente, Neni!

Este es un viaje que apenas comienza

¡Gracias por haber leído este libro! Estamos muy felices de que hayas llegado hasta aquí. Esperamos que hayas encontrado consejos útiles, inspiración y experiencias con las que te sientas identificada. Como sabemos que tu preparación no termina aquí con nosotras, sino que apenas empieza, queremos dejarte aquí nuestras recomendaciones personales de libros. Todos estos libros y autores nos han impactado de una manera u otra, y nuestro camino no hubiera sido el mismo sin ellos. Bueno, aquí está la lista de libros que te recomendamos leer:

- *Go pro: 7 pasos para convertirse en un profesional del mercadeo en redes*, Eric Worre
- *Padre rico, padre pobre*, Robert Kiyosaki
- *Piense y Hágase Rico*, Napoleon Hill
- *El Negocio del Siglo XXI*, Robert Kiyosaki
- *El cuadrante del flujo del dinero,* Robert Kiyosaki
- *El juego de la vida y cómo jugarlo,* Florence Scovel Shinn
- *Network Marketing Queen*, Erin Pollinger

Si tienes más preguntas y te gustaría contactarnos, no dudes en escribirnos a nuestros correos electrónicos y/o redes sociales:

Regina Becerra:

- reginabecerra@hotmail.com
- Facebook: Regina Becerra
- Instagram: @ReginaBecerra

Atziry González:

- atziryg@hotmail.com y también puedes encontrarme en Instagram como @atzirygv

Made in the USA
Monee, IL
04 November 2026

67385555R00115